علم و ادب : نئے دریچے

(تعمیر نیوز ویب پورٹل کے منتخب مضامین)

علم و ادب سیریز: 3

مرتب:

مکرم نیاز

Ilm o Adab : naye Dareeche - Part-3
by: Mukarram Niyaz
Edition: October '2025
Publisher :
Taemeer Publications LLC (Michigan, USA / Hyderabad, India)

ISBN 978-93-6908-048-9

کتاب	:	**علم و ادب : نئے دریچے** (حصہ : ۳)
مرتب	:	**مکرم نیاز**
صنف	:	غیر افسانوی نثر
ناشر	:	تعمیر پبلی کیشنز (حیدرآباد، انڈیا)
سالِ اشاعت	:	۲۰۲۵ء
صفحات	:	۱۰۲
سرورق ڈیزائن	:	تعمیر ویب ڈیزائن

فہرست

پیش لفظ

علم و ادب اور فہم کا سفر (دریچہ: ۳)

مکرم نیاز

مطالعہ کی تاریخ پر جب طائرانہ نظر ڈالی جائے تو معلوم ہو گا کہ اس کا سفر تین عظیم، تاریخی و ادب ساز ادوار سے عبارت ہے، جنہوں نے انسانی دل و دماغ کو مسحور کیا اور علم و حکمت کو فروغ دیا۔ سب سے پہلا دور وہ تھا، جب کاغذی صفحات، رسائل اور اخبارات علم و عرفان کے چراغ تھے، جو مدھم روشنی میں انسان کے رب کا راز افشا کرتے تھے۔ یہ زمانہ اپنی سادگی، اپنی اخلاقیات اور خلوص کی یادگار سمجھا گیا، مگر رفتہ رفتہ زمانہ تبدیل ہونے لگا۔

پھر وہ عہدِ طلوع ہوا، جب انٹرنیٹ کا جادو ہر زبان کے قاری پر سایہ فگن ہوا۔ اپنی برق رفتاری اور بے مثال وسعت کے ساتھ، علم و آگاہی کا یہ سمندر گویا ہر قاری کی انگلیوں کی زینت بن گیا۔ ایک کلک سے ایک نئی دنیا، ایک جھلک سے دوسری حقیقت، اور ایک لمحے کا کچھ حصہ، قارئین کو بے پناہ وسیع اور دلکش دنیاؤں کا مسافر بنا گیا۔ دراصل یہ ایسا انقلابِ عظیم تھا، جو علم و شعور سے لبریز اسبابِ زندگی بن گیا۔

تیسری اور سب سے زیادہ حیرت انگیز تبدیلی سوشل میڈیا کی شکل میں نمودار ہوئی۔ ایک ایسی دنیا، جہاں فاصلے مٹ گئے، اور خیالات و احساسات کی سرائیں، عقل و شعور کے میدان آباد کرنے لگیں۔ ہر فرد، ادارہ، قوم، ایک دوسرے کے قریب، اور ایک دوسرے کے ہم نوا ہو گئے۔ یہ میدان عمل، تعلیم، اصلاح اور سماجی بیداری کے قافلے کا ایسا رہنما باور کیا گیا جو تاریکی کے خلاف علم نور بلند کرتا ہے۔

اسی فضا میں، ۲۰۱۲ء کے اواخر میں 'تعمیر نیوز' کے افق کو روشن کیا گیا، تاکہ اردو ادب و ثقافت کے اس بحرِ بے کنار کو ایک جہانِ تنقید و تصور میں تبدیل کیا جا سکے۔ تیرہ سال کے اس سفر نے یہ باور کرایا ہے کہ اردو زبان کا یگانہ لہجہ، اس کے بلند خیال اور اس کے پیغام، امتزاجِ علم و فن میں ہی زندہ رہ سکتے ہیں۔

اس کتاب میں 'تعمیر نیوز' سے اخذ کردہ ایسے مضامین کو شامل کرنے کی ممکنہ کوشش کی گئی ہے جو علمی و ادبی تحقیق کے منفرد و متنوع موضوعات کا احاطہ کرتے ہوئے قاری کی مناسب علمی و ادبی رہنمائی کا فرض بھی انجام دے سکیں۔ یہ کتاب "**علم و ادب : نئے دریچے**" کے سلسلے کا تیسرا حصہ ہے۔

مکرم نیاز

۵/اکتوبر ۲۰۲۵ء

حیدرآباد (تلنگانہ، انڈیا)

۱

ناول جانگلوس از شوکت صدیقی

: ایک تنقیدی مطالعہ

ڈاکٹر حافظ محمد زبیر

" جانگلوس" اردو کے ضخیم ترین ناولوں میں سے ہے کہ میرے پاس اس کا جو نسخہ ہے، وہ تین حصوں میں تقریباً دو ہزار صفحات پر مشتمل ہے۔ شوکت صدیقی اچھے قلمکار ہیں اور ان کے دونوں شاہکار ناولوں، خدا کی بستی اور جانگلوس، میں مجرمانہ معاشرے کی عکاسی کی گئی ہے۔ جانگلوس کی کہانی دراصل دو قیدیوں، لالی اور رحیم داد، کی کہانی ہے کہ جو جیل سے فرار ہوتے ہیں اور پولیس سے چھپنے کے لیے دربدر کی ٹھوکریں کھاتے ہوئے مختلف جرائم پیشہ افراد سے ان کو سابقہ پڑتا ہے۔

شوکت صدیقی واقعتاً ایک تخلیق کار ہیں کہ کہانی کو اس انداز میں مرتب کیا ہے کہ قاری اس میں کھو جاتا ہے۔ ان کی کہانی میں ہر درجے کے ذہن کے لیے طمانیت کا سامان موجود ہے، ان کے لیے بھی کہ جو کہانی کو ایک کہانی کے طور پڑھتے ہیں اور ان کے لیے بھی جو کہانی کو ایک فلسفہ سمجھ کر پڑھتے ہیں۔ پہلے حصے میں کہانی کا پلاٹ بہت جاندار ہے کہ قاری کا دل کہانی چھوڑنے کو آمادہ نہیں ہوتا لیکن جیسے ہی لالی کے کردار سے کہانی کا رخ

رحیم داد کے کردار کی طرف مڑتا ہے اور ناول کے دوسرے حصے کا آغاز ہوتا ہے تو قاری کو احساس ہوتا ہے کہ اب ناول کی ضخامت بڑھانے کی خواہ مخواہ کی کوشش جاری ہے۔۔۔

جہاں تک ناول کی زبان کا تعلق ہے تو شوکت صدیقی صاحب نے ناول میں دیہاتی لب ولہجے کو اسی زبان میں نقل کیا ہے جیسا کہ "قتل" کو "کتل" اور "موقع" کو "موکع" لکھا ہے۔ یہ ایک طرف کہانی کا حسن بھی ہے اور دوسری طرف خامی بھی ہے۔ حسن اس اعتبار سے کہ ناول نگار نے حقیقت کا اس حد تک بیان کرنے کا اہتمام کیا ہے کہ الفاظ کے حقیقی رسم کو بھی پیچھے چھوڑ دیا اور خامی اس پہلو سے کہ زبانیں اسی طرح بگڑتی ہیں۔ اگر کوئی دو چار الفاظ کا معاملہ ہوتا تو ہم یہ بات بیان نہ کرتے لیکن ناول کے ہر صفحہ پر آپ کو دس بارہ الفاظ ایسے مل جائیں گے کہ جو اپنے اصل رسم میں نہیں لکھے گئے ہیں بلکہ دیہاتی لب ولہجے کے اعتبار سے انہیں نیا رسم دیا گیا ہے۔ اور تنقید کا مطلب بھی یہی ہوتا ہے کہ آپ کسی شاہ پارے کی خوبی اور خامی دونوں نقل کر دیں۔

جہاں تک ناول نگار کی سوچ کا تعلق ہے تو کسی ناول کے تنقیدی مطالعے میں اس کا جاننا بہت ضروری ہے اگرچہ اس میں مبالغے سے بچنا چاہیے۔ کچھ نقاد تو اس قدر مبالغہ کرتے ہیں کہ وہ ناول کے ہر دوسرے جملے میں مصنف کا ذہن پڑھنے کی کوشش کرتے ہیں حالانکہ ضروری نہیں ہے کہ ناول نگار کا ہر جملہ اس کے ذہن ہی کی عکاسی کرتا ہو، بعض اوقات وہ معاشرے کے مسائل بھی بیان کر رہا ہوتا ہے۔ اور یہ کہنا بھی درست نہیں ہے کہ ناول نگار اپنی تصنیف میں بس معاشرے کے حقائق ہی کو نقل کرتا ہے، اس کی اپنی سوچ اس میں نہیں ہوتی۔

ناول نگار نے ناول کے پہلے صفحہ پر کارل مارکس کا اقتباس نہ بھی دیا ہوتا تو بھی ناول

سے یہ معلوم کرنا بہت آسان ہے کہ مصنف پر اشتراکیت کے فلسفے کا گہرا اثر موجود ہے اور ان کے ناول میں جو مقصدیت پائی جاتی ہے، وہ اشتراکی ہے نہ کہ مذہبی۔ اگرچہ ناول نگار کی سوچ کا مثبت پہلو یہ ہے کہ وہ اشتراکی فلسفہ سے متاثر ہونے کے باوجود معاشرے کو مذہب سے اس طرح بدظن کرنے کی کوشش نہیں کرتے جیسا کہ اشتراکیوں کی عادت ہے کہ اہل مذہب کی برائیاں بیان کر کر کے مذہب کو بدنام کیا جائے اور اسے ایک افیون ثابت کیا جائے۔

ناول میں کہیں کہیں مذہب کے نام پر معاشرے میں پائی جانے والی برائیوں کا ذکر موجود ہے لیکن میرے رائے میں وہ مناسب انداز میں موجود ہے کہ اس میں کوئی مبالغہ نہیں کیا گیا ہے۔ جانگلوس میں اہل مذہب ہر تنقید کا انداز یہ بتلاتا ہے کہ مصنف مذہب سے تعصب نہیں رکھتا ہے لیکن یہی مصنف جب خدا کی بستی میں اہل مذہب ہر نقد کرتا ہے تو اسلوب یہ بتلاتا ہے کہ وہ مذہب پر زیادہ تنقید اس لیے نہیں کرنا چاہتا کہ معاشرہ اس کے خلاف ہو جائے گا، اسے اس کی حکمت کہیں یا مصلحت، بہر حال مناسب طرز عمل ہے۔

عام لوگ تو ناول کو کہانی کی طرح پڑھتے ہیں کہ بس تفریح ہے، وقت گزارنے کا ایک بہانہ ہے لیکن ایک نقاد اس طرح سے کہانی کا مطالعہ نہیں کرتا بلکہ وہ تو یہ بھی دیکھتا ہے کہ اس ناول یا کہانی کے انسانی لاشعور پر کیا اثرات مرتب ہوں گے۔ ناول نگار نے ناول میں جس طرح سے جرم کو پیش کیا ہے، اس میں صاف طور مبالغہ موجود ہے۔ چلیں، مبالغے کے بغیر تو کہانی بنتی ہی نہیں ہے، یہ ہمیں بھی معلوم ہے لیکن اتنا مبالغہ کہ ہر شخص ہی مجرم نظر آئے تو یہ مناسب نہیں ہے۔ معاشرے میں شر کے علاوہ خیر بھی ہر دور میں موجود رہا ہے کہ جس طرح دکھ کے ساتھ سکھ انسانی زندگی کا لازمی حصہ ہے۔ البتہ اس

اعتراض کے جواب میں یہ کہا جا سکتا ہے کہ یہ ناول معاشرے کے ایک خاص طبقے کے احوال بیان کرتا ہے نہ کہ بحثیت مجموعی پورے معاشرے کی تصویر کشی ہے۔

اب تک جو باتیں ہم نے کی ہیں تو ان میں خوبی اور خامی دونوں پہلو موجود ہیں لیکن ناول نگار کی دو باتیں ایسی ہیں کہ جن میں خامی ہی کا پہلو غالب ہے۔ ایک یہ کہ ناول نگار جب بھی کسی جرم کو بیان کرتا ہے تو اس کے بیان کا جو اسلوب ہے، وہ معتدل نہیں ہے۔ جرم تو اپنی تفصیل میں بیان ہو گیا لیکن اس جرم کی برائی اور شناعت اتنی تفصیل سے نہ نقل ہو سکی۔ اس کا قاری پر اثر یہ ہو گا کہ جب قاری نے یہ پڑھا کہ معاشرے میں تو ہر طرف جرم ہی جرم ہے کہ ہر دوسرا شخص جرم میں مبتلا ہے تو اب اگر وہ خود کسی جرم میں مبتلا ہے تو بڑی آسانی سے اپنے آپ کو یہ کہہ کر مطمئن کر لے گا کہ ہر یہاں ہر دوسرا شخص بھی تو مجرم ہی ہے ناں۔

اس کا حل یہی تھا کہ ناول نگار ہر جرم کے بیان کے ساتھ اس کی برائی اور برے اثرات کو اس قدر مبالغے سے بیان کرتے کہ قاری کو اس جرم سے طبعا نفرت پیدا ہو جاتی تاکہ اگر وہ کسی جرم میں مبتلا بھی ہے یا ہونے جا رہا ہے تو کم از کم اپنے لیے یہ کہہ کر اطمینان کا سامان نہ پیدا کر لے کہ ہر دوسرا شخص بھی تو مجرم ہی ہے۔ امر واقعہ یہ ہے کہ ناول نگار جرم کے بیان میں جس قدر فصیح ہے، قاری کے دل میں جرم سے نفرت پیدا کرنے میں اس قدر کامیاب نہیں ہے۔ اور ہم یہ نہیں کہہ رہے کہ جرم سے نفرت پیدا کرنے کے لیے آپ ناول میں وعظ شروع کر دیں، آپ جب اسے جرم کہہ رہے ہیں تو وہ لازما عقل اور طبعیت کے بھی خلاف ہی ہو گا، تو اس سے عقل و منطق، انسانی جذبات واحساست کے تعلق کی نسبت سے نفرت پیدا کریں۔

اس ناول کی دوسری خامی جو کہ نسبتا گہری ہے اور عام افراد کی سمجھ سسے بہت بالا

ہے، کو ایک مثال سے سمجھیں۔ ناول نگار نے اپنے ناول میں ایلیٹ کلاس کے ایک لائف اسٹائل کو بیان کیا ہے کہ جسے وہ سسپنس نائٹ کہتا ہے۔ سسپنس نائٹ یہ ہے کہ آٹھ بیورو کریٹس ہیں کہ جن میں ایک ڈپٹی کمشنر، ایک ایس ایس پی، ایک کامیاب بزنس مین، ایک سیکرٹری وغیرہ ہیں۔ وہ آٹھوں ہر مہینے ایک رات اپنی بیویوں سمیت ایک بنگلے میں جمع ہوتے ہیں اور ایک کھیل کھیلتے ہیں کہ جس کا ایک ایمپائر ہوتا ہے۔ اتفاق سے لالی جو کہ جیل سے مفرور ہے، اس کا واسطہ ڈپٹی کمشنر سے پڑتا ہے کہ جس کی گاڑی کا ٹائر پنکچر ہو چکا ہے اور اسے دھکا لگانے کے لیے کسی فرد کی ضرورت ہے۔ لالی یہ ضرورت پوری کرتا ہے اور ڈپٹی کمشنر اسے اپنے گھر میں رکھ لیتا ہے۔

جب سسپنس نائٹ آتی ہے تو اتفاق سے ایمپائر بیمار ہو جاتا ہے لہذا لالی کو ایمپائر بنا لیا جاتا ہے۔ ایک رات ایک بیورو کریٹ کے بنگلے میں آٹھوں بیورو کریٹس اپنی بیویوں سمیت جمع ہوتے ہیں جو کہ فل تیار ہو کر آئی ہوتی ہیں۔ ایک طرف صوفے پر آٹھ بیویاں بیٹھتی ہیں، دوسری طرف آٹھ مرد۔ اوپر والی منزل میں دس کمرے ہیں۔ قرعہ اندازی ہوتی ہے اور پہلے ہر بیوی کے نام سے ایک کمرے کا نمبر نکلتا ہے تو اس بیوی کو وہاں اسی کمرے میں لالی چھوڑ آتا ہے اور باہر سے دروازہ لاک کر دیتا ہے۔ اس طرح آٹھ بیویوں کے آٹھ کمروں میں چلے جانے کے بعد مردوں کی قرعہ اندازی ہوتی ہے اور ہر مرد کے نام سے ایک کمرے کا نمبر نکلتا ہے اور اسے اسی کمرے میں لالی چھوڑ آتا ہے۔ اگر اتفاق سے کسی مرد کا نام ایسے کمرے کا نمبر نکلے کہ جس میں اسی کی بیوی موجود ہو تو اس کی قرعہ اندازی دوبارہ کی جاتی ہے۔ اس طرح یہ آٹھوں بیورو کریٹس ایک دوسرے کی بیویوں کے ساتھ قرعہ اندازی کر کے رات گزارتے ہیں۔

مجھے اس پر اس وقت کوئی مذہبی نقد نہیں کرنی کہ اس کا مذہبی اسٹیٹس سب کو

معلوم ہے اور ویسے بھی ادیبوں کو وعظ سے نفرت ہوتی ہے کہ ان کے نزدیک واعظ کا ذہن سطحی ہوتا ہے۔ یہاں دراصل لالی کا ڈپٹی کمشنر اور اس کی بیگم سے ایک مکالمہ ہوتا ہے جبکہ وہ ان دونوں کے ان کے کمرے میں چھوڑنے جارہا ہوتا ہے، وہ مکالمہ بہت اہم ہے۔ لالی، ڈپٹی کمشنر سے پوچھتا ہے کہ اس کا دل کیسے اس پر راضی ہو جاتا ہے کہ اس کی بیوی دوسرے کے ساتھ رات گزارے جبکہ یہ تو سیدھی سادھی بے غیرتی ہے۔ ڈپٹی کمشنر اپنے اس فعل کو لاجیسائز کرتا ہے یعنی اس کو لاجیکل بنا کر پیش کرتا ہے۔ مثلاً ڈپٹی کمشنر کا کہنا یہ ہے کہ انسانی طبیعت کی یہ فطرت ہے کہ وہ ایک ہی چیز سے اکتا جاتی ہے لہذا ہم دراصل اپنی اکتاہٹ کا علاج کرتے ہیں اور یہ اکتاہٹ میاں اور بیوی دونوں کو ایک دوسرے سے ہو جاتی ہے۔ بہر حال دوسری شادی اور ہیرا منڈی کے چکر لگانے کے جو جھنجھٹ ہیں، وہ اس میں نہیں ہیں۔

چلیں، آپ کسی درجے میں کہہ سکتے ہیں کہ یہ تو ایک سطحی لاجک ہوئی لیکن اس لاجک پر ایک اور لاجک بیوی کی طرف سے یہ دی گئی کہ اس طرح کرنے سے بیویوں کو یہ فائدہ ہوا کہ اب وہ بننا سنورنا شروع ہوگئی ہیں یعنی پہلے وہ شوہروں سے اکتاہٹ کے نتیجے میں موٹی اور بھدی ہوگئی تھیں لیکن جب سے سسپنس نائٹ کا دور شروع ہوا ہے تو انہوں نے دوسرے مردوں کی خواہش میں تیار ہونا شروع کر دیا ہے اور اب جسمانی طور پرفٹ ہیں کہ جس کا فائدہ ظاہری بات ہے کہ ان کے شوہروں کو بھی ہوتا ہے۔

چلیں، یہ بھی ایک اور سطحی لاجک کہہ لیں، لیکن خطرناک ترین بات وہ تھی جو ڈپٹی کمشنر نے یہ کہہ کر لالی سے کہی کہ اس طرح کی نائٹ گزارنے سے میاں بیوی کی محبت بڑھ جاتی ہے۔ وہ اس طرح کہ جب اس کی بیوی دوسرے کے شوہر کے ساتھ رات گزارتی ہے اور اگر وہ شوہر اس سے زیادہ ہینڈسم اور مضبوط ہو تو وہ اس کی طرف ایٹریکٹ

ہوتی ہے اور شوہر اس ایٹریکشن سے خار کھاتا ہے لہذا بیوی کی طرف زیادہ توجہ کرتا ہے اور دوسرے مرد کو اپنا رقیب سمجھتا ہے، اس طرح وہ اپنی بیوی کا زیادہ خیال رکھنا شروع ہو جاتا ہے اور ان کی ازدواجی زندگی بہتر ہو جاتی ہے۔

جس طرح سے شوکت صدیقی صاحب نے اس سسپنس نائٹ کو فلوسوفائز کیا ہے، اس سے ایلیٹ کلاس میں اس کی طرف رغبت تو بڑھ سکتی ہے، اس سے نفرت پیدا نہیں ہو سکتی۔ اگرچہ لاجکس تو اس کے خلاف بھی بہت موجود ہیں۔ ہمیں اکتاہٹ کے مسئلہ ہونے سے انکار نہیں ہے لیکن ہم آپ کو یہ بتلانا چاہتے ہیں کہ میاں بیوی کی اکتاہٹ کا جو علاج سسپنس نائٹ میں تجویز کیا گیا ہے، اس سے اکتاہٹ دور نہیں ہوتی بلکہ بڑھ جاتی ہے۔ مغرب کو بیوی سے اکتاہٹ ہوئی تو عورت کی طرف متوجہ ہوا، اس سے اکتاہٹ ہونے لگی تو ہم جنس پرستی پر آگئے کہ مرد، مرد سے اور عورت، عورت سے شہوت حاصل کرے۔ اس سے اکتائے تو جانوروں کی طرف متوجہ ہو گئے، وہاں سے بھی اکتا گئے تو اب انہیں سمجھ نہیں آرہی کہ کیا کریں، سب کچھ تو کر لیا ہے۔۔۔

بات یہ ہے کہ سیکس دو قسم کا ہے، ایک وہ جو انسان کی بائیولاجیکل ضرورت ہے، اور اس کے لیے بیوی کافی ہے بشرطیکہ وہ شوہر سے اس مسئلے میں مکمل تعاون کرتی ہو جبکہ عورت کی طبعا زیادہ ضرورت رومانس ہے نہ کہ سیکس۔ اور دوسرا سیکس وہ ہے جو انسان کی ذہنی ضرورت ہے تو اس کے لیے کچھ بھی کافی نہیں ہے۔ کہنا یہ چاہتا ہوں کہ جب سیکس انسان کے دماغ میں گھس جائے تو وہ ہمیشہ سیکس کے مسئلے میں پریشان رہے گا۔ ہمارے معاشروں بلکہ فلسفیوں، ادیبوں اور آرٹسٹوں کا اصل مسئلہ یہی ہے کہ سیکس جو کہ بائیولاجیکل ضرورت تھی، اسے ذہنی ضرورت بنا دیا گیا ہے۔ مصنف نے لالی کی زبانی اسے بے غیرتی کہہ کر اس پر جو نقد کی ہے، اسے جذبات سے جوڑ کر ہلکا بنا دیا ہے اور خود اس

عمل کو لاجک کی بنیاد فراہم کر کے اعلی سوچ بنا دیا ہے۔

اس لیے جب سے وہ ذہنی ضرورت بنا ہے، ہر ناول نگار نے اسے معاشرے کا بنیادی ترین مسئلہ دکھایا ہے۔ بھائی، سامنے کی بات ہے کہ ایک بھوک وہ ہے جو تمہارے پیٹ کی ہے اور یہی اصل بھوک ہے اور ایک وہ ہے جو تمہارے ذہن میں ہے، تو جو تمہارے ذہن میں ہے، وہ دھوکا ہے۔ پس حل یہ نہیں ہے کہ ذہنی بھوک کو مٹانے چل پڑو بلکہ اس کا علاج یہ ہے کہ ذہن کی اصلاح کرو۔ بھئی، دو لفظوں میں خلاصہ یہ ہے کہ اکتاہٹ تمہارے دل میں نہیں، ذہن میں ہے اور ذہن کی اکتاہٹ، ایبنارمیلٹی ہے، اس کا علاج کرو۔

A critical study of an urdu novel Janglos by Shaukat Siddiqui. Essay: Dr. Hafiz Md. Zubair

***

۲

دلی کی کہانی : اعداد و شمار کی زبانی

شاہد الاسلام

باشندگانِ دہلی کی حفاظت دلی پولس کی اولین ترجیح ہے پھر بھی گزشتہ سال ہر چار گھنٹے کے درمیان دارالحکومت دہلی میں آبروریزی کی ایک شکایت درج کی گئی۔ دلی پولس کے کمشنر کی جانب سے جاری کئے گئے اعداد و شمار کو پیمانہ بناتے ہوئے ذرائع ابلاغ میں جو خبریں آئی ہیں اور اُن سے دہلی کی جو تصویر اُبھرتی ہے، وہ ہمیں رسوا کرنے کیلئے کافی ہے۔ گویا ان خبروں کو پڑھنے کے بعد مجھ جیسا کم فہم یہی نتیجہ اخذ کرنے پر مجبور ہو گا کہ اب دلی دل والوں کے رہنے کی جگہ ہو یا نہ ہو البتہ ہر گھنٹہ آبرو لٹانے والی جگہ ضرور بن گئی ہے، جہاں اب سرعام آبروؤں کا لٹ جانا بڑی خبر نہیں بن سکتی، لیکن کسی گھنٹہ کے دوران آبرو کا سلامت رہ جانا بہت بڑی خبر ہو سکتی ہے۔ جبھی تو ۲۰۱۴ میں ہر ۴ گھنٹہ کے درمیان ایک بنت حوا کو پولس میں یہ شکایت درج کرنے کا حوصلہ کرنا پڑ گیا کہ بری نظر ڈالنے والوں نے اُن کی عصمت تار تار کر دی جبکہ کوئی یہ نہیں بتا سکتا کہ ہر گھنٹہ آبروریزی کی ایسی کتنی وارداتیں رونما ہوئیں، جن کی رپورٹ مخصوص اسباب کی بناء پر درج ہی نہیں کرائی گئی۔ ۲۰۱۳ میں آبروریزی کے کل ۱۵۷۱ معاملے درج ہوئے تھے، جو ۲۰۱۴ میں بڑھ کر ۲،۰۶۹ ہو گئے۔ پولس کمشنر نے چونکہ خود ہی یہ اعداد و شمار جاری کئے ہیں، اس

لئے ان کی صحت پر سوال کھڑا کرنے کی گنجائش نہیں نکلتی۔ البتہ یہ سوال ضرور کھڑا ہو جاتا ہے کہ آبروریزی کے واقعات میں یہ اضافہ کیوں ہو رہا ہے؟ حالانکہ پولس کمشنر یہ بتانا نہیں بھولتے کہ لڑکیوں یا مستورات سے متعلق چھیڑ چھاڑ کے ۶۸ فیصد مقدمات میں پولس نے ملزمان کو گرفتار کرنے میں کامیابی حاصل کی لیکن یہ سوال بھی غیر فطری نہیں کہ آبروریزی کے ساتھ ساتھ ہی ساتھ عورتوں پر بری نظر ڈالنے اور ان کے ساتھ بد تہذیبی کا مظاہرہ کرنے کے معاملہ میں بھی دہلی والوں نے گزشتہ ایک سال کے دوران زیادہ فراخ دلی دکھائی ہے۔ پولس کمشنر کے ذریعہ جاری اعداد و شمار کے مطابق ۲۰۱۴ میں چھیڑ چھاڑ کے ۴۱۷۹ معاملے درج کئے گئے جبکہ اس سے قبل ۲۰۱۳ میں اس طرح کی ۳۳۴۵ شکایات درج کی گئی تھیں۔

دہلی کو جرائم کی دنیا کی بھی راجدھانی قرار دینے والوں کے مطابق سال ۲۰۱۴ میں سنگین مجرمانہ واردات میں بھی چونکہ دہلی میں غیر معمولی اضافہ ہوا ہے لہٰذا یہ کہنا غلط نہ ہوگا کہ دہلی میں جان و مال و عزت و آبرو کی حفاظت سبھی کچھ ایک طرح داؤں پر ہے۔ سال ۲۰۱۳ میں جہاں پوری دہلی میں ۸۰,۱۸۴ کیس درج ہوئے تھے، وہیں ۲۰۱۴ میں ۱,۴۷,۲۳۰ مقدمات درج کئے گئے۔ یعنی یوں سمجھئے کہ دہلی میں پچھلے ایک سال کے دوران ۱,۴۷,۲۳۰ لوگوں نے مقدمات درج کرانے میں کامیابی حاصل کی۔ دہلی میں مجموعی طور پر تقریباً ایک کروڑ ۷۰ لاکھ لوگ آباد ہیں۔ جو مقدمات گزشتہ ایک سال کے دوران درج کئے گئے ہیں، وہ اس لحاظ سے اہمیت کے حامل ہیں کہ اوسطاً دہلی کے ۶۵ء۱۱ فیصد لوگوں نے دہلی میں جرائم سے متعلقہ شکایات درج کرانے میں کامیابی حاصل کی ہے۔ یہاں یہ تذکرہ غیر ضروری معلوم نہیں ہوتا کہ تقریباً ڈیڑھ لاکھ لوگوں کی شکایت ایک سال کی مدت میں درج کی گئی۔ جبکہ پولیس کی نفسیات پر گہری نظر رکھنے

والے لوگوں کا ماننا ہے کہ دلی پولیس اگر عوام دوست طریقہ اختیار کرلے، دھونس اور دھمکیوں کا سہارالینا بند کر دے اور شکایات درج کرانے کے خواہاں افراد کے تعلق سے شفقت اور حلیمی کا مظاہرہ کرنے لگ جائے تو مقدمات درج ہونے کی شرح کم از کم تین گنی بڑھ جائے گی۔ دلی پولیس کی نفسیات کا جائزہ لینے والے کچھ لوگوں کا یہ بھی ماننا ہے کہ دہلی میں مختلف نوعیت کے جرائم سے متعلقہ شکایت کنندگان جب تھانوں کا رخ کرتے ہیں تو عمومی حالات میں ہر تین میں سے ایک ہی شکایت کنندہ کی شکایت درج ہو پاتی ہے۔ جبکہ ہر تین میں سے دو شکایت کنندگان اس وجہ سے رپورٹ درج کرانے میں ناکام ہو جاتے ہیں کیونکہ پولیس کا رویہ ناشائستہ ہوا کرتا ہے۔ یہ بھی بتایا جاتا ہے کہ شکایت درج کرنے کیلئے جب لوگ تھانوں کا رخ کرتے ہیں تو ان سے رشوت بھی طلب کی جاتی ہے اور بعض اوقات جن کے خلاف لوگ شکایات درج کرانا چاہتے ہیں، پولس کا رویہ ان کے دفاع کا بھی ہوتا ہے۔ نتیجتاً ایک اندازہ کے مطابق ہر تین میں سے دو شخص پولیس چوکیوں اور تھانوں سے نامراد لوٹتا ہے۔ اگر اس خیال کو درست تصور کرلیا جائے تو اس کا واضح مطلب یہ نکالا جاسکتا ہے کہ ۲۰۱۴ میں اوسطاً تین لاکھ لوگوں کو پولس کے رویہ کی وجہ سے شکایات درج کرانے میں کامیابی نہیں مل سکی جبکہ تقریباً ڈیڑھ لاکھ لوگ ایف آئی آر درج کرانے میں کامیاب ہوئے۔ جرائم کی رپورٹوں پر نگاہ رکھنے والے صحافیوں کا خیال ہے کہ دہلی واقعی کرائم کی راجدھانی ہے۔ ان کی دلیل یہ بھی ہے کہ دلی پولس نے جو اعداد و شمار جاری کئے ہیں، صرف اس کو بنیاد بنا کر کوئی نتیجہ اخذ نہیں کیا جاسکتا بلکہ ایسے لوگوں کو بھی اسی زمرہ میں لانا ضروری ہے، جنہوں نے مختلف معاملات و مسائل کے تعلق سے شاکی ہونے کے باوجود پولیس میں شکایت درج کرانے کا بوجھ خاص فیصلہ نہیں لیا یا جنہیں کسی وجہ سے مقدمات درج کرانے میں کامیابی نہیں مل سکی۔ اس

نظریے کو بھی کو نظر انداز نہیں کیا جاسکتا۔ دہلی میں گزشتہ ایک سال کے دوران آبروریزی کے ۰۶۹ ، ۲ مقدمات درج کئے گئے ہیں۔ جبکہ عمومی طور پر یہ خیال پایا جاتا ہے کہ آبروریزی کے مقدمات درج کرانے کے معاملے میں ہندوستانی معاشرہ کی سوچ کچھ مختلف ہے۔ اتفاقی طور پر آبرو پر حملہ کے معاملوں میں خواتین یہ سوچ کر پولس میں شکایت درج کرانے سے گریز کرتی ہیں کہ ایک تو ان کی عصمت تار تار کی گئی جس سے انہیں شدید صدمہ پہنچا اور اب اگر وہ اس سلسلے کی شکایات لے کر پولیس اسٹیشنوں کا چکر لگائیں گی تو معاشرتی سطح پر مزید ان کی عزت وناموس خاک میں مل جائے گی۔ چنانچہ بہت سی خواتین ایسے معاملوں میں خاموش رہنا زیادہ بہتر سمجھتی ہیں۔ ماہرین نفسیات اس ضمن میں کیا کہتے ہیں، پولیس کا موقف اس حوالے کیا ہے، دہلی والے اس تعلق سے کیا نظریہ رکھتے ہیں؟ ان نکتوں کو بحث کا موضوع بنایا جائے یا نہیں؟ یہ وہ سوالات ہیں جو جواب طلب ہیں۔ معاشرتی مزاج وانداز اور طریقہ کار پر نگاہ رکھنے والے لوگوں کے اس خیال کو بہر حال نظر انداز کرنے کی گنجائش نہیں نکلتی کہ جرائم کے تعلق سے خصوصاً جنسی تشدد کے معاملے میں جو مقدمات درج کئے جاتے ہیں، وہ صحیح صورتحال کی عکاسی نہیں کرتے۔ آج بھی ایسے لوگوں کی کمی نہیں جو جنسی تشدد کے معاملے میں معاشرتی رویوں کو سامنے رکھ کر پولیس میں شکایات درج کرنے سے گریز کرتے ہیں، یہ ایک مسلمہ بلکہ ناقابل تردید سچائی ہے۔ چنانچہ دلی پولیس کی جانب سے درج کئے گئے آبروریزی کے بحیثیت مجموعی ۰۶۹ ، ۲ درج مقامات کو سامنے رکھ کر یہ نتیجہ نہیں نکالا جاسکتا کہ دہلی میں ہر چار گھنٹہ پر صرف ایک صنف نازک کی آبرو لوٹی گئی بلکہ حقیقت تو یہ ہے کہ ہر چار گھنٹہ پر آبروؤں کے لٹنے سے متعلق صرف ایک مقدمہ درج کیا گیا۔ ان درج مقدمات کو دیکھنے کے بعد ہر کوئی یہ اندازہ لگا سکتا ہے کہ دہلی جیسے شہر میں صنف

نازک کی آبرو کتنی سلامت ہے۔ وہ بھی ایسی صورت میں جبکہ حکومت سے لے کر پولیس تک اس بات کیلئے کوشاں ہے کہ دہلی کو ہر لحاظ سے محفوظ شہر قرار دلایا جائے۔ یہ صورتحال ارباب اقتدار کیلئے بھی دعوت محاسبہ ہے اور محکمہ پولس سے وابستہ افراد کیلئے بھی دعوت غور و فکر کہ وہ مذکورہ اعداد و شمار کی روشنی میں یہ دیکھنے کی کوشش کریں کہ کیا دہلی کو خواتین کیلئے محفوظ و مامون شہر قرار دلانے کی جو کوشش کی جارہی ہے، وہ درست سمت میں آگے بڑھ بھی رہی ہے آیا نہیں۔ پولس میں درج مقدمات کی شرح میں خاطر خواہ اضافہ کو دیکھنے کے بعد بادی النظر میں یہ پیغام ابھرتا ہے کہ تمام تر کوششوں کے باوجود صنف نازک کو تشدد سے نجات دلانے میں کمی کے بجائے اضافہ ہوا ہے۔ ۲۰۱۳ میں آبرو ریزی کے ۱۵۷۱ مقدمات درج کئے گئے تھے جبکہ ۲۰۱۴ میں ایسے مقدموں کی تعداد بڑھ کر ۲،۰۶۹ ہوگئی۔ یعنی شکایت درج ہونے کے لحاظ سے تقریباً پانچ ہزار کا اضافہ پہلی نظر میں ہی یہ ظاہر کرنے کیلئے کافی ہے کہ جنسی تشدد کے واقعات میں اضافہ ہوا ہے۔ پولیس کمشنر کی اس دلیل کو حق بجانب قرار دیا جائے یا نہیں کہ مقدمات درج کرانے کے معاملوں میں بیداری آئی ہے اور اسی وجہ سے تعداد میں یہ اضافہ دیکھا جارہا ہے، کہاں تک درست ہے؟ یہ نہیں کہا جاسکتا۔ بحیثیت مجموعی پولس کے ذریعہ جاری ہونے والے اعداد و شمار کو دہلی کا ایک آئینہ تصور کیا جاسکتا ہے۔ اس آئینہ میں باہر کے لوگ بھی دہلی کا مجرمانہ چہرہ بآسانی دیکھ سکتے ہیں، جہاں ہر چار گھنٹہ میں ایک خاتون کی آبرو کو دہلی میں بود و باش اختیار کرنے والے بھیڑیے اپنا شکار بناتے ہیں۔ دہلی کے تقریباً ۶۵ء۱۱ فیصد عوام اگر اپنی شکایت تھانوں میں درج کرانے میں آج بھی کامیاب ہیں تو اندازہ لگایا جاسکتا ہے کہ بھاگتی دوڑتی دلی کا حال کیا ہے اور یہ بھی کہ یہاں کا نظام کس طرح چرمرا کر رہ گیا ہے۔ کسی بھی آبادی کا اگر ۶۵ء۱۱ فیصد طبقہ تھانوں کے

چکر لگاتا نظر آئے یا اُسے ایف آئی آر درج کرانے میں کامیابی مل جائے تو اُس معاشرہ کی حقیقی صورتحال کا اندازہ بخوبی لگایا جاسکتا ہے۔ دلی پولیس کل تک "ستیہ میو جیتے" کا نعرہ بلند کرتی رہی تھی لیکن اس نے حال کے دنوں میں اپنا چہرہ تبدیل کرتے ہوئے "ستیہ میو جیتے" کی جگہ "امن، خدمت اور انصاف" کو اپنا کلید سمجھ لیا ہے۔ نعرہ خوبصورت ضرور ہے کہ دلی پولس دہلی والوں کو پر امن زندگی گزارنے کا موقع دینا چاہتی ہے، وہ پولس جس سے لوگ کل تک خوفزدہ دکھائی دیتے تھے، ظاہری لحاظ سے خدمت کے جذبہ سے بھی معمور ہے اور انصاف کی بالادستی میں بھی یقین بھی رکھتی ہے۔ نعروں کی تبدیلی سے دہلی والوں کی زندگی کس حد تک تبدیل ہوئی ہے؟ اس پر کسی تلخ و تند تبصرے کی ضرورت باقی نہیں رہ جاتی کیونکہ پولس کمشنر نے خود ہی ۲۰۱۴ کی تفصیلات کو منظر عام پر لاکر یہ بتادیا ہے کہ دلی پولس کی ترجیحات میں تبدیلی کے باوجود عمومی سطح پر رویوں میں کیا تبدیلی آئی ہے۔ امن کسی بھی ملک، ریاست یا خطۂ ارض کیلئے ترقی کی کلید ہے۔ دہلی میں امن و آشتی کا ماحول حال کے دنوں میں کس طرح خراب ہوا ہے؟ یہ بتانے کی ضرورت نہیں۔ دہلی کے پولس کمشنر نے امن کے ماحول کو خراب کرنے کے حوالے سے درج ہونے والے مقدمات کی تفصیل جاری کر دی ہے جس کی روشنی میں یہ اندازہ لگایا جا سکتا ہے کہ دہلی میں نقض امن کی کیسی کیسی کوششیں کہاں کہاں جاری رہیں اور ان سے دہلی والوں کو کتنی اذیتیں پہنچیں۔ جہاں تک دلی پولیس کو کمیونٹی پولس میں تبدیل کرنے کا تعلق ہے تو یہ کہنے میں کوئی ہچک نہیں کہ آج بھی دلی پولس "باادب" نہیں بن سکی ہے۔ اگر اس خیال سے کسی کو اتفاق نہ ہو تو وہ خود دلی پولس سے راہ و رسم بڑھا کر یا پولس چوکیوں کی خاک چھان کر حقیقی صورتحال کا ادراک کر سکتا ہے اور یہ نتیجہ اخذ کر سکتا ہے کہ دلی پولس اور شرافت میں بعد المشرقین کا احساس اب بھی باقی ہے یا نہیں۔ پولیس

کا محکمہ یوں ہی بدنام نہیں ہے بلکہ حقیقت تو یہ بھی ہے کہ پولس کے اہلکار اور جوان آج بھی اعلانیہ طور پر اپنی بدتمیزی اور بیہودگی کا مظاہرہ کرتے دہلی کی سڑکوں پر دیکھے جاسکتے ہیں۔ چنانچہ یہ نتیجہ اخذ کرنے میں کوئی تامل نہیں کہ دلی پولس عوام کو" عوام دوست "خدمات فراہم کرنے میں کامیاب نہیں ہوسکی ہے۔ جہاں تک انصاف کی فراہمی یاانصاف کی بالادستی کا تعلق ہے تو یہ کہا جاسکتا ہے کہ جب تک پولس اپنے آپ کو مزاجاً تبدیل نہیں کرے گی، انصاف کو مقدم ٹھہرانا ممکن نہیں ہوسکے گا۔

دہلی کی مجرمانہ تصویر کو بے نقاب کرنے والی مذکورہ رپورٹ کے سامنے آنے کے بعد کئی ایسے سوالات کھڑے ہو جاتے ہیں جن کا جواب تلاش کیا جانا ضروری ہے۔ بنیادی سوال یہ ہے کہ جس معاشرہ میں ہم زندگی گزار رہے ہیں، وہاں امن و قانون کا خوف پایا جاتا ہے یا نہیں۔ پولیس کا نظام خواہ کسی قدر مضبوط کیوں نہ ہو جب تک عوام میں قانون کا خوف نہیں رہے گا جرائم کی واردات متواتر ہوتے ہی رہیں گے۔ چنانچہ یہ بھی دیکھا جانا چاہئے کہ دہلی میں جرائم کی واردات میں اضافہ کیلئے صرف اور صرف محکمہ پولیس ہی ذمہ دار ہے یا دہلی کا عام معاشرہ بھی کہیں نہ کہیں اس کیلئے ذمہ دار اور جوابدہ ہے۔ پولیس واردات کے بعد کارروائی نہ کرنے کی وجہ سے تنقید کا نشانہ بن سکتی ہے لیکن واردات کا ہونا اپنے آپ میں معاشرہ سے متعلق حقیقی صورتحال کو منعکس کرتا ہے۔ مثلاً ہر چار گھنٹہ پر دہلی میں صنف نازک کی آبرو لوٹی گئی۔ سوال یہ ہے کہ آبروؤں پر حملہ کرنے والے لوگ کون تھے؟ یہ دہلی کے وہی عام لوگ تو تھے جن کی تعداد ایک سال کے درمیان ۲۰ ہزار سے زائد درج کی گئی۔ کیا اس اعداد و شمار سے یہ اندازہ نہیں ہوتا دہلی کے عام لوگ کہیں نہ کہیں اخلاق باختگی کی راہ پر گامزن ہیں؟ یہ سوال اس وجہ سے کھڑا ہوتا ہے کیونکہ آبروریزی کے زیادہ تر مقدمات میں ماخوذ قرار پانے والے لوگ عادی

مجرم کے زمرہ میں جگہ نہیں پاتے۔ سوال یہ بھی ہے کہ جب معاشرہ میں اخلاقی زوال بڑھتا چلا جائے تو کیا یہ ممکن ہے کہ کسی ریاست کی پولس گلی محلوں، سڑکوں اور دفتروں یا عوامی مقامات پر آبروریزی کے معاملات کو روک سکے۔ نہیں، ہرگز نہیں۔ پولس کا نظام خواہ کسی قدر متحرک، فعال اور عوام دوست بن کر کیوں نہ ابھرے، یہ ممکن ہو ہی نہیں سکتا کہ وہ اس طرح واقعات کو روک سکے۔ ضرورت اس امر کی ہے کہ معاشرہ بھی پولس کمشنر کی رپورٹ کو دہلی کا آئینہ تصور کرتے ہوئے اپنی ذمہ داروں کا احساس کرے۔ صرف پولس پر تنقید سے نہ دہلی کی تصویر بدل سکتی ہے اور نہ ہی حکومتوں کو برا کہنے سے دہلی سنور سکتی ہے۔ چنانچہ یہ لازم ہے کہ جرائم کی واردات میں اضافہ کے اسباب و علل کا بھی گہرائی کے ساتھ جائزہ لیا جائے اور اس کی روشنی میں دہلی کو عالمی معیار کا شہر قرار دلانے والے عناصر اپنے مقصد کی جانب قدم بڑھائیں ورنہ سچی بات تو یہ ہے کہ دہلی کے جرائم کی تصویر ہمیں ملک میں ہی نہیں بلکہ دنیا بھر میں ہمیں رسوا کرے گی۔

Delhi story according to statistical figures. Essay: Shahidul Islam

***

۳

سمینار اور مشاعرے:

اردو کو تباہی کے دہانے پر پہنچانے والے

زین شمسی

اردو پہلے ہمارے لئے تحفہ تھی لیکن اب وہ سزا بنتی جا رہی ہے، ہم اس سے بھاگ نہیں سکتے اور اس کو مکمل طور پر گلے بھی نہیں لگا سکتے۔ یہ دل لگی بھی ہے اور دل کی لگی بھی ہے۔ ایک محبت اور نفرت کے بیچ جھولتا ہوا رشتہ ہے ہمارا اردو کے ساتھ۔ اس زبان کی مٹھاس کا یہ عالم ہے کہ اسے اگر پارلیمنٹ کی سرکاری زبان بنا دیا جائے تو وہاں کے سارے جھگڑے ایک پل میں نمٹ جائیں اور اگر اس زبان کو سماج کی لازمی زبان قرار دے دی جائے تو نہ لو جہاد کوئی مسئلہ بنے اور نہ تبدیل مذہب کا ایشو اٹھے۔ اردو کو غیر اردو والوں نے اپنا کر اگر اپنی تجوریاں بھری ہیں تو اردو نوازوں نے بھی خوب اس کا استحصال کیا ہے، سیاستدانوں نے تو اردو کو بھیک کا کشکول بنا لیا اور اردو اکادمیوں اور اداروں نے اسے اپنا یرغمال بنانے کی ہر ممکن کوشش کی، لیکن اردو نہ کبھی چیخی، نہ شرمندہ ہوئی اور نہ ہی اس کی روانی اور رفتار میں کوئی کمی آئی ہے۔ لیکن کچھ ایسی سچائی ہے جس کا کڑا گھونٹ اردو کو پینا پڑ رہا ہے۔ اور اس کے لئے وہی ذمہ دار ہیں جو اردو کی باقرخانیاں کھا رہے ہیں۔ یوں

تو کہا جاتا ہے کہ اردو غریب ہے اور بیچاری شریفوں کی ڈیوڑھی پر اپنے حسین چہروں کو ڈھانپے سسکتی رہتی ہے، لیکن اسے جس نے ہمدردی دکھاتے ہوئے گود لیا، اس نے اسے داشتہ بھی بنالیا ہے۔ اس بات کی شدید ضرورت ہے کہ اس کے جسم سے جھوٹ، مکاری، خود غرضی، نفرت، جہالت، دوغلے پن اور فریبی کا زہر نکالا جاسکے۔ سمینار، مشاعروں اور سمیناروں کو بند کیا جائے اور اردو سے محبت کرنے والے طلباء اور اسے اپنانے والے بے روزگار نوجوانوں کے لئے اسے ذریعہ معاش بنایا جائے جس کے لئے ایک ایسی تحریک کی ضرورت ہوگی جو قومی تحریک ہو، اور اس تحریک سے اردو سے وابستہ پرفیسروں اور ٹیچروں کو دور رکھا جائے۔ ایسا اس لئے کہ اب تک کہ اردو سرگرمیوں کو دیکھ کر یہ بات واضح ہو چکی ہے کہ اردو سے وابستہ ٹیچروں اور پروفیسروں نے اپنی اضافہ کمائی کے لئے اردو اداروں اور اکادمیوں میں اپنے لوگوں کو بٹھایا اور سمیناروں اور مباحثوں کو گروپ بندی میں تقسیم کرکے سرکاری پیسوں کا ناجائز استعمال کیا جارہا ہے اور جب تک اس طرح کی اکادمیاں غیر شفافیت اور جانبداری سے کام لیتی رہیں گی اردو خستہ حال ہوتی جائے گی اور اردو والوں کی عمارتیں جگمگاتی رہیں گی۔

ادھر کچھ دنوں سے سمیناروں کی باڑھ آگئی ہے۔ ساہتیہ اکادمی، اردو اکادمی، غالب انسٹی ٹیوٹ اور غیر فعال انجمن ترقی اردو کی جانب سے سمینار کرائے جارہے ہیں۔ قومی کونسل برائے فروغ اردو زبان ان تمام سمیناروں کو مالی امداد فراہم کراتا ہے اور خود اپنے دفتر مین مختلف طرح کے موضوعات پر چنندہ لوگوں کو مدعو کرتا رہا ہے۔ تمام سمیناروں اور اجلاس میں جب آپ شرکت کریں گے تو یہ دیکھ کر حیران رہ جائیں گے کہ اسٹیج پر براجمان حضرات سمیت سامعین کے ایک سے ہی چہرے ملیں گے۔ اس کی وجہ یہ ہے کہ فرسودہ اور روایتی موضوعات پر سمینار میں شرکت کرتے کرتے سب لوگوں کے کان پک

گئے ہیں اردو سے محبت کرنے والوں نے اس سے دوریاں بھی بنالی ہیں۔ اس لئے سامعین کو سمینار ہالوں میں لانے کی ذمہ داری مقررین کے ہی سپرد کر دی گئی ہے۔ دہلی یونیورسٹی ، جامعہ ملیہ اسلامیہ اور جواہر لعل نہرو یونیورسٹی کے پروفیسر حضرات اپنے اپنے طلباء کو سمینار میں شرکت کے لئے دباؤ بھی بناتے ہیں اور انہیں مجبور بھی کرتے ہیں۔ یہ عجیب صورتحال ہے کہ جن لوگوں کو یونیورسٹیاں خود لاکھوں روپے دیتی ہیں، اسے سمینار کے منتظمین بھی چیک تھماتے ہیں اور جو بچے بڑی مشکل سے اردو سے اعلیٰ تعلیم حاصل کرتے ہیں انہیں اپنا پیسہ لگا کر اس میں شرکت کرنی پڑتی ہے۔ اکادمیاں اور تنظیمیں کبھی طلباء کے لئے سمینار منعقد نہیں کرتیں ۔ ایک سمینار نئے اور پرانے چراغ کے نام پر یونیورسٹیوں کے استاذ جگہ چھیک لیتے ہیں۔ ہونا یہ چاہیے کہ ان اداروں اور تنظیموں کی جانب سے اردو کے طلباء کی حوصلہ افزائی کے لئے ہر ماہ کسی نہ کسی موضوع پر مقابلہ شروع کیا جائے اور اس کی نگرانی کے لئے کسی ایک ماہر کو بلالیا جائے ۔ سال میں تین یونیورسٹیوں کے ایم اے ٹاپرس کو اردو اکادمی کی جانب سے اعزاز سے نواز دیا جاتا ہے۔ اور ذمہ داری پوری کر دی جاتی ہے۔

سمینار کے موضوعات ، غالب، میر، حالی، شبلی ، خواجہ احمد عباس، کرشن چندر اور ایسے ہی اردو کے کچھ معماروں پر مبنی ہوتے ہیں، ذرا سوچئے! انہوں نے جو کارنامے انجام دے دئے اور جو تصانیف پیش کر دیں، اس کا صفر فیصد بھی ان کے بعد کے لوگوں اور خاص کر لاکھ روپے ماہانی پانے والے پروفیسروں نے پیش کیا۔ کئی پروفیسر حضرات تو بغیر کوئی کتاب لکھے ریٹائر ہو گئے ، دلچسپ بات یہ ہے کہ ریٹائر منٹ کے بعد ایک ہی نہیں اردو کے دو دو اداروں پر قبضہ تک جمالیا۔ آج کے دور میں سمینار کسی موضوع پر اپنے خیالات کا اظہار کرنے کے لئے قطعی نہیں ہونا چاہئے بلکہ اردو کی ترقی اور اسے روزگار

سے جوڑنے کی حکمت عملی طے کرنے کے لئے ہونا چاہئے ۔ ایک ایسی حکمت عملی جس میں اردو کی بقاء اور اردو پڑھنے والے طلباء کو روزگار فراہم کرانے کے لئے حکومت سے لڑنے اور یہاں تک کہ ریلیاں نکالنے کے لئے تیار کرنے کے لئے ہونا چاہئے۔ چیک لینے اور سامعین کو مرغا بریانی کھلا کر بجٹ کو ختم کرنے کا دور اب نہیں ہے۔ اب سنجیدہ ہو کر یہ سوچنے کی ضرورت ہے کہ موجودہ حکومت میں اردو کا تحفظ کیوں کر کیا جاسکتا ہے ۔ اب ضرورت ہے کہ جدید سائنسی معلومات کو آسان کر کے اردو میں لکھا جائے اور کتابوں کا پڑھنا اور خریدنا اتنا ہی اہم سمجھا جائے جیسے کہ کپڑے ، جوتے، زیور اور دیگر لوازمات کو سمجھا جاتا ہے، جو کچھ بھی وقت کے ساتھ نہیں چلتا، وقت اس کو روندتا ہوا گزر جاتا ہے۔ اردو کو روزگار سے جوڑنے کے مسئلے پر خوب باتیں ہوتی ہیں۔ مقالے پڑھے جاتے ہیں، سفارشیں اور قراردادیں منظور کی جاتی ہیں اور پھر چند گھنٹوں کی ہنگامہ آرائی کے بعد اس معاملے کو طاق نسیاں کی زینت بنادیا جاتا ہے ۔ یہ معاملہ گھوم پھر کر پھر وہیں آجاتا ہے جہاں ان ہنگاموں سے قبل تھا۔ روزگار سے اردو کے تعلق کا گراف اوپر اٹھنے کے بجائے مزید نیچے چلا جاتا ہے۔ جنوبی ہند میں صورتحال پھر بھی کچھ غنیمت ہے لیکن شمالی ہند میں جو کہ کبھی اس کا گھر آنگن ہوا کرتا تھا، حالات دن بدن ابتر ہوتے جارہے ہیں۔ اردو کو روزگار سے جوڑنے کی باتیں حکومتی سطح پر بھی کی جاتی ہیں اور غیر حکومتی سطح پر بھی۔ لیکن نتیجہ وہی ڈھاک کے تین پات ۔ ان روایتی سمیناروں کو بند کیجئے اور اس کی جگہ اردو تحریک پر مبنی سمینار کیجئے جس میں آئندہ کی حکمت عملی طے ہو ۔ لیکن اس سے پہلے اکادمیوں اور اداروں کا انتخابی عمل شفاف بنانے کی ضرورت ہے ۔ بند کمروں میں صدر اور چیئرمین کا تقرر اردو کے علاوہ اور کہاں ہوتا ہے۔ حیرت کی بات تو یہ ہے کہ اردو کے اداروں کی ممبرشپ میں بھی شفافیت نہیں ہے۔ اس معاملہ میں بھی یہ دیکھا جاتا ہے کہ

یہ شخص جو ممبر بننے آیا ہے وہ ووٹنگ کے وقت کس کا ساتھ دے گا۔ یہ کس طرح کا ضابطہ ہے کہ لائف ٹائم کے لئے کوئی صدر بن جائے اور لائف ٹائم کے لئے کوئی سکریٹری منتخب ہو جائے۔ سرکار کا فنڈ ہو اور عوام کو ہی ان سب سے دور رکھا جائے۔ اردو سے محبت کرنے والوں کو چاہئے کہ وہ ان تمام اداروں سے حساب کتاب مانگیں۔ اگر وہ نہیں دیتے تو پی آئی ایل داخل کریں۔ آر ٹی آئی سے معلومات حاصل کریں۔ اتنا تو سمجھ ہی لیجئے کہ پہلے اردو ادیبوں کا گروپ ہوا کرتا اب اردو کے تاجروں کا گروہ پیدا ہو چکا ہے۔ جو کچھ لوگوں کو نواز کر اپنا الو سیدھا کر رہے ہیں۔

Seminars and Mushaira puts Urdu on the verge of collapse.
Essay: Zain Shamsi

***

۴

کوہ احسان ترے: شکر مرا رائی ہے۔۔۔

عزیز بلگامی

قدیم انسان کی طرح دور جدید کا بظاہر ترقی یافتہ انسان بھی اپنی تمام تر ترقیوں کے باوجود زندگی بعد موت کو لے کر توہمات کا شکار اور کج فکریوں کا گرفتار رہا ہے۔ سبب یہ ہے کہ موت کے بعد کے حالات انسانی عقل میں سما نہیں سکتے، نہ انسان کی رسد گاہیں، یونیورسٹیاں یا سائنسی و تحقیقاتی ادارے اسے یہ علم فراہم کر سکتی ہیں۔ اسی طرح جنت و جہنم کی کیفیت و ماہیت کے بارے میں بھی معلومات کا فقدان ہے اور انسان تذبذب میں مبتلا ہے اور رہے گا۔ غیر متنازعہ فیہ معلومات کے لیے اگر دُنیا میں کوئی اِنتہائی معتبر ذریعہ ہے تو وہ بس کتاب اللہ ہے۔ حق کے متلاشیوں کو روشنی کی کرن صرف یہیں سے میسر آسکتی ہے۔ بشرط یہ کہ یہ احساس جزوِ ایمان بن جائے۔ جن آیاتِ اِلٰہی نے جہنم کے مضامین کو اپنے دامن میں سمیٹا ہے، اُن کے مطالعے اور فہم کی ضرورت ہے تاکہ ہم پر وہ اثرات مرتب ہوں جو

فی الواقع جنت اور جہنم کے تذکروں کے مقاصد میں شامل ہیں۔ جہاں جہنم کا ذکر ہے تو اس سے بچنے کی فکر پیدا ہو اور جن آیات میں جنت کی نعمتوں کا تذکرہ ہے تو اُنہیں ہم اِس غرض سے اپنے مطالعے میں رکھیں کہ ہم اس کے حصول کی مسلسل جستجو کرتے

رہیں گے اور اپنے رب کی رضا کے کام پر اپنے نفسِ غیر مطمئنہ کو آمادہ کرتے رہیں گے۔

سورہ النباء کی آخری چند آیتوں کا مطالعہ پیش خدمت ہے:"بلاشبہ صاحبینِ تقویٰ کے لیے فوز(ہی فوز اور فلاح ہی فلاح ہے)،(بہ شکل)چمنستاں اور انگور اور

(اِنتہائی متناسب)ہم عمر ہم مزاج ہم ذوق ساتھیوں(کی ہم نشینی)، چھلکتے جام(بھی اُن کی ضیافت کا حصہ ہوں گے)۔۔۔اس میں کوئی لغوSub Standard یا(غیر معیاری) گفتگواِن کی سماعتوں سے ٹکرا نہیں پائے گی۔ کسی طرح کی کوئی لغویات سمع خراشی نہ کر سکیں گے۔ تمہارے رب کی جناب سے یہ(پاکیزہ و مطہرہ ماحول) جزائے بے پناہ اور عطائے بے حساب کے بطور ہو گی جو اُسی رحمٰن کی بارگاہ سے ہو گی جو آسمانوں اور زمین کا اور ہر اُس شے کا مالک ہے جو ان دونوں کے درمیان موجود ہے، کسی میں اُس سے مخاطبت کی جرأت نہیں ہو سکے گی۔"

ا)۔۔۔ قرآن مجید کا یہ وصف خاص ہے کہ وہ صحیح و غلط، حق و باطل، سیاہ و سپید کو ایک دوسرے سے ممیز کرکے پیش کرتا ہے۔ یہ وہ انوکھی دوربین ہے جو پیش آمدہ حالات کا منظر قبل از وقت اپنے قاری کو دکھا دیتی ہے۔ کیا یہ ضروری نہیں کہ ہم اپنے اندر وہ قوتِ بصیرت و بصارت پیدا کریں جو کل کے حالات کو نظروں کے احاطے میں کچھ یوں رقصاں دکھادے جیسے وہ کل کے نہیں، آج کے منظر ہیں! نتیجہ یہ ہو کہ ہم راہ راست کے راہِ راست ہونے کا شعور حاصل کرلیں اور اپنی منزل کی سمت بہ اطمینان محوِ سفر ہو جائیں۔ پھر یہ احساس بھی جاگزیں ہو جائے کہ کل کے برے انجام سے ہم نہ صرف خود کو بلکہ اپنے اہل و عیال کو بچانے کی کوشش میں بفضلِ تعالےٰ ضرور کامیاب ہو جائیں گے۔ چنانچہ آج، ابھی، بلکہ اِسی لمحہ ہم اپنے اندر اِس شعور کو بیدار کرنے کا آغاز کریں۔ اپنے رب سے ڈرتے ہوئے زندگی گذارنے کا ادراک حاصل کریں اور ہماری

نیکیاں ہمارے رب کی کتاب میں دی گئی اُس لسٹ کے مطابق ہو جائیں جو دوسری سورۃ کی ایک سو ستہترویں آیت میں ساری انسانیت کے لیے دستیاب ہے:" محض، اپنے چہروں کو مشرق و مغرب کی سمت پھیر لینے کا نام نیکی نہیں ہے، بلکہ (ترجیحاً نیکیوں کی فہرست یہ ہے:ا) اللہ پر ایمان رکھے (اور اس سے ایمانداری کا رویہ اختیار کرے،۲) آخرت کے حساب کے تئیں حساس رہے۔۳)فرشتوں کے وجود کو تسلیم کرے،۴)الکتاب کی حقانیت تسلیم کر لے،۵)سلسلۂ انبیاء کی ضرورت کا قائل ہو،۶) حبِّ الٰہی کی بنیاد پر اپنے اقرباء کی مالی امداد کرے،۷)یتیموں کی مالی امداد کرے،۸)مسکینوں غریبوں اور محتاجوں کی مالی امداد کرے،۹)مسافروں(یا راستوں میں مختلف مقاصد کے لیے دوڑ دھوپ کرنے والوں کی) مالی ضروریات اور Public Utilities items سے جڑی خدمات پر خرچ کرے،۱۰)دستِ سوال دراز کرنے والوں کی (بخوشی) مالی اعانت کرے،۱۱)، متنوع Liabilities کے نرغے میں، پریشانی میں پھنسے ہوئے لوگوں (یا قیدیوں) کا مالی (و قانونی) تعاون کرے، ۱۲)عبادتوں کے قیام کا نظم کرے، ۱۳)زکوۃ کی ادائیگی کا اہتمام کرے، ۱۴) کسی سے کسی عہد میں بندھ جائے تو اُس سے وفا کرے،۱۵)حالات سخت ہوں تو صبر سے کام لے۔۱۶) پریشان کن حالات میں تحمل کا مظاہرہ کرے،۱۷) بحرانی مرحلوں میں صبر و تحمل کی ایک مضبوط چٹان بن جائے۔یہی وہ لوگ ہیں جنہوں نے (نیکیوں کی اس سترہ نکاتی فہرست کے مطابق عمل کرتے ہوئے اپنے دعوئ نکوکاری کی) تصدیق کی اور ان ہی لوگوں کے لیے تقویٰ کی صفت زیب دیتی ہے۔"

الکتاب اور الرسول صلی اللہ علیہ وسلم کی بعثت کے ذریعہ رب تعالےٰ ہم میں ایمان اور کردار کی ایسی شمع روشن کرنا چاہتا ہے جس سے اِنسان سر تاپا جگمگانے لگ جائے اور

ایک ایسا مستحسن و متوازن انسان عالمِ وجود میں آجائے جسے اِنسانیت کا پیکر کہنے میں کوئی جھجک باقی نہ رہے اور وہ ہر اک کی توجہ کا مرکز بن جائے۔ اِنسانوں کے لیے وہ ایک ایسا شجر بنے جو سایہ دار بھی ہو اور ثمر آور بھی۔ انسانوں کی اُخروی کامیابی کے لیے وہ ایک روح پرور علامت اور تابندہ محرک بن جائے۔ جس کا کردار اِن کے لیے عمل کی رغبت کا ذریعہ ثابت ہو۔ اُس کی نگاہ محض چند رسم و رواج کی حدود میں سمٹ کر نہ رہ جائے، بلکہ دین اپنی تمام تر فکری عظمتوں اور روحانی وسعتوں کے ساتھ اسکی نگاہوں کے سامنے بحرِ بے کنار بن جائے۔ ایک مطہر زندگی کی اُس کی حکمتِ عملی کسی ذہنِ ناقص کی اختراع کی مثل نہ ہو، بلکہ وہ ویسی ہی آفاقی اسپرٹ کی حامل ہو جیسے وہ خاتم النبیین صلی اللہ علیہ وسلم پر ربِّ کائنات کی جانب سے نزول کے زمانے میں تھی اور جن پر نازل ہونے والی ہر آیت پر تاحیات حضورؐ کا عمل کائناتِ اِنسانی کے لیے اُسوۂ حسنہ بن گیا تھا۔

اگر ہم نیکیوں کی متذکرہ لسٹ کے مطابق اس دنیا میں زندگی بسر کرتے ہوئے اپنے رب کی بارگاہ میں حاضر ہوں گے تو اِنشاء اللہ ہم یہ دیکھ کر حیران رہ جائیں گے نکوکاروں کے لیے ہمارے رب نے کیسی کیسی نعمتیں تیار کر رکھی ہیں۔ ایسی نعمتیں جنہیں کسی ذہن نے کبھی سوچا ہوگا نہ کسی آنکھ نے اِنہیں دیکھا ہوگا۔ انسانی عقل کی محدودیت کے پیشِ نظر اِن نعمتوں کی عظمت و قیمت کا اندازہ دلانے کے لیے ربِّ جلیل نے اپنی آیات میں اِس کا لحاظ ضرور رکھا ہے کہ اپنی آیتوں میں ایسی مثالیں اِس کے گوش گزار کر دے کہ اُسے کچھ نہ کچھ اندازہ ضرور ہو جائے۔ جیسے انگور، انار، میوے، شہد، دودھ اور فرحت آفرین مشروبات، گھنے باغات، بلند و بالا اپارٹمنٹس، آرام دہ نفیس صوفے اور چارپائیاں، فرش کی خوبصورت تزئین کاری کے ساتھ قالین، نت نئے ظروف اور چھلکتے ہوئے جام و مینا کی مثالیں دی ہیں۔ ! یہ سب انسانی دنیا کے محدود تناظر میں محض

بطور تمثیل ہی سمجھے جانے چاہئیں، ورنہ اصل سے اِن کا کوئی واسطہ نہیں۔ اِن کی فرحت بخش روح پرور خصوصیات کی حقیقت کا علم سوائے رب تعالیٰ کے کسی کو نہیں! حقیقت یہ ہے کہ ہمارے الفاظ کا ذخیرہ اِن نعمتوں کی حقیقی تصویر کشی سے قاصر ہے۔ نہ ہم اِن کی کوالیٹی کا اندازہ محض اِن جانے پہچانے الفاظ کے ذریعہ ہی کر سکتے ہیں کہ وہ کس قدر اعلیٰ و ارفع درجے کی حامل ہوں گی۔

زیر مطالعہ آیتوں میں خبر دی گئی ہے کہ ایک ایماندارانہ اور نکوکارانہ زندگی کس طرح گذاری جائے اور آخرت کے امتحان میں ایک کامیاب مومن کی حیثیت سے اپنی حاضری کس طرح درج کرائی جائے۔

۲)۔۔۔ آیت میں نفسیاتی نقطۂ نظر سے ایک انتہائی اہم بات کہی گئی ہے کہ جنت میں انکے مثالی جوڑے ہونگے۔ یعنی کامرانی سے ہم کنار انسانوں کے لیے ہر زاویے اور ہر نقطۂ نگاہ سے انتہائی متناسب ساتھی ہوں گے، عمر ہو کہ حسن و جمال، ذہانت ہو کہ مزاج، دانش ہو کہ رویہ، غرض کہ ہر اعتبار سے یہ جوڑے تکمیلیت کا نمونہ ہوں گے جس کا کسی کو تجربہ نہ ہو گا یعنی ہم دیکھتے ہیں کہ ایسی صورتحال دنیا میں ناپید ہے، بلکہ یہاں کا اصل بحران یہی تو ہے کہ کوئی اپنی شریکِ زندگی سے چاہے مرد ہو یا عورت، صدفی صد کسی صورت مطمئن نہیں ہو سکا ہے اور یہ انعام اُسے عطا کیا جائے تو اُس کی عظمت کا کیا کہنا۔ لیکن اِس نعمت غیر مترقبہ کو کچھ شرائط سے مشروط بھی کر دیا گیا ہے، یہ وہی شرائط ہیں جسے جنت کے حصول کی شرط بھی قرار دیا گیا اور یہ شرائط ایک سو تینویں سورۃ العصر کی اِن آیات میں موجود ہیں: "قسم ہے (گزرے اور گزرتے ہوئے) زمانے کی (جو اِس حقیقت پر گواہ بن کر کھڑا ہے کہ) اِنسان (مستقل) خسارے سے دوچار ہے بجز اُن انسانوں کے جو صاحبِ ایمان قرار پائیں گے، جو خوگرِ عملِ صالح ہونگے اور (حق پر عمل

پیرائی کے ساتھ) وصیتِ حق کا شیوہ اپنائے ہوئے ہونگے (اور پھر یہ ایماندار، صالح، حق پرست اور صبر شعار انسان خسارے سے بچنے اور بچانے کے لیے) دوسروں کو بھی صبر کی وصیت کرتے رہے ہونگے۔"

۳)۔۔۔جن لوگوں نے اس غیر مکمل اور ناقص دنیا میں اپنے رب کی رضا کی خاطر نقص آسا شریکِ حیات کے ساتھ صبر اور مصالحت کی زندگی گذاری ہوگی اور اِس سے وابستہ مکروہات کو انگیز کیا ہوگا، منفی طرزِ عمل کا مثبت انداز میں جواب دیا ہوگا، حتی الامکان اپنے احسن رویوں سے صورت حال کو بگڑنے نہ دیا ہوگا، تو ان کا رب انکی مغفرت فرمادے گا، انہیں سدا بہار نعمتوں والی جنتیں عطا کرے گا، انہیں ہر وہ معیاری متاع جو ہر لحاظ سے مکمل اور نقص سے پاک ہو، عطا فرمائے گا۔ ظاہر ہے کہ انکے جوڑے بھی مثالی اور معیاری ہونگے۔ ہر نوع کی مسرتوں اور شادمانیوں، پاکیزگی سے مملو عشرت و عیش کی نعمتوں کے چھلکتے جام اُن کی ضیافت کے لیے ہوں گے۔ کوئی شئے وہاں غیر معیاری نہ ہوگی۔ کون سی خواہش ہوگی جس کے پورا کیے جانے کا وہاں امکان موجود نہ ہوگا۔! امن، چین وسکون اور سلامتی ہی سلامتی ہوگی، ایسی سلامتی، جسے ہمارے رب نے چھپنویں سورۃ کی پچیسویں اور چھبیسویں آیات میں نہایت آن بان سے بیان فرمایا: "جنتوں میں ان کی سماعتوں سے کوئی لغوبات نہیں ٹکرائے گی نہ کسی چھچھورے پن سے سابقہ پیش آئے گا۔ اِس کے بجائے ماحول سلاماً سلاماً کے غلغلۂ جانفزاء سے گونج اُٹھے گا (اور امن وسکون کے نغموں سے فضاء مرتعش ہوجائے گی)۔"

۴)۔۔۔پھر ارشاد فرمایا: "تیرے رب سے (ملنے والی) جزا اور عطا کا حساب (خود رب تعالےٰ کے Calculations کے مطابق ہوگا)۔ سوال یہ ہے کہ رب کے حساب کتاب یا Calculations کا انداز کیا ہوگا۔! خود ہمارے رب نے اپنی کتاب کی سترویں

سورۃ کی چوتھی آیت میں ارشاد فرمایا ہے: "۔۔۔اللہ کے یہاں دن کی گنتی کی مقدار پچاس ہزار سال کے برابر ہے۔" ربِّ کائنات کے نزدیک تو ایک دن پچاس ہزار سال کے برابر ہوتا ہے۔ اِس اِلٰہی پیمانے کے لحاظ سے ناپنے کے ہمارے اپنے دنیاوی پیمانے مطلق ناقص ٹھہرتے ہیں۔ ظاہر ہے اِس میں جب بِغَیرِ حِسَابٍ Infinity کا فقرہ شامل ہو جاتا ہے تو پھر شمار کیسا! اور گنتی کیسی! ہمیں خبر ہے کہ سورج کے گرد ہماری زمین کی گردش کی حقیقت سے ہماری پیمائشِ وقت کا تعلق ہے، اس سے ہمارے دن اور رات کی گنتی ہوتی ہے یعنی چوبیس گھنٹے میں اپنے محور کے اطراف زمین کی ایک گردش کے پورا ہونے کا مطلب یہی تو ہے کہ رات اور دن پر مشتمل ایک دن گزر گیا۔! جب ہمارا شہر یا علاقہ سورج کے مدمقابل ہو تو یہ علاقہ بارہ گھنٹے کے لیے روشنی سے فیض یاب ہوتا رہے گا اور یہی "دن" کہلائے گا اور مخالف جانب جو تاریکی چھائی ہوئی ہو گی اُسے ہم "رات" کے نام سے موسوم کریں گے۔ ظاہر ہے کہ اگر ہم اسپیس میں ہوں یا چاند، مریخ، عطارد، ثریا میں آباد ہو جائیں تو ایسی گنتی ہمارے کسی کام کی نہ ہو گی، وہاں وقت کی پیمائش کی ایک جداگانہ ہی صورتحال ہو گی اور زمین پر کی جانے والی گنتی سے اِس کا کچھ لینا دینا نہیں ہو گا۔!

یہ ہماری سادہ لوحی نہیں ہے تو اور کیا ہے کہ ہم اپنی ایک نیکی کا صرف ساٹھ، ستّر، اسّی گُنا مانگ کر خاموش ہو جاتے ہیں! اور بقول شاعر اُدھر یہ حال ہوتا ہے کہ:

توہی ناداں چند کلیوں پر قناعت کر گیا
ورنہ گلشن میں علاجِ تنگیٔ داماں بھی تھا

ہمارا حال یہ ہے کہ اپنے رب کی بے حد و حساب عطاؤں، بخششوں، لطف و کرم اور رحمتوں کو اعداد و شمار یا figures کی محدودیت کے حوالے کر دیتے ہیں۔ رب تعالیٰ تو الرّحمن ہے، عالی شان و عظیم ہے، لامحدود نعمتوں کا خالق بھی ہے اور مالک بھی۔ ہمیں

چاہیے کہ مانگیں تو رب کے شایانِ شان مانگیں۔ اس کے بے پایاں فضل و عطا اور رحم و کرم کے مطابق اُس کی نعمتوں کے امیدوار بنیں۔ وہ رب جو آسمانوں اور زمین اور ان کے درمیان جو کچھ ہے اس کا مالک ہے، مشرق اور مغرب کی ملکیت کا بلیغ فقرہ پکار پکار کر کہہ رہا ہے کہ وہ کتنی عظمت والا ہے۔نہ صرف مالک ہے بلکہ وہی ہر شئے کا خالق ہے۔

کیا یہ وقت نہیں کہ ہم سب مل کر پکار اٹھیں کہ اے رب ذوالجلال والاکرام۔۔۔! ہم آپ کے بندے ہیں، آپ کے غلام ہیں، محتاج اور فقیر ہیں۔ ہر طرح کے خیر کے سوالی ہیں ہم۔ آپ داتا ہیں، آپ الغنی ہیں، ہمیں اپنی شان کے مطابق نوازیو، نہ کہ ہمارے وسعتِ دامن کے مطابق۔ ہمیں موت نہ آئے مگر اِس حال میں کہ ہم مومن ہوں۔ اے ہمارے رب! ہماری مغفرت فرمائیو، جہنم کی آگ سے ہمیں نجات عطا کرتے ہوئے، جنت نعیم ہمیں عطا فرمائیو۔ اے ہمارے رب! حق ہمیں حق ہی دکھائی دے اور اسی حق کی اتباع کی ہمیں توفیق عنایت فرمائیو اور باطل ہمیں باطل ہی دکھائی دے،اور باطل سے ہمیں بچنے کی توفیق عطا فرمائیو۔ اے ہمارے رب! ہمیں اشیاء، معاملات اور واقعات ویسے ہی دکھائیو جیسے کہ وہ فی الواقع ہیں۔"

کوئی ہے جو دنیاوی رنگینیوں اور جھوٹی شان و شوکت کو چھوڑ کر ہماری اِس دُعا میں شامل ہو جائے۔!!!

Kindness matters. Essay: Azeez Belgaumi

***

۵

وہ جو آسودۂ ساحل ہیں انہیں کیا معلوم۔۔۔

زبیر شیخ حسن

شیفتہ کا برقی پیام آیا۔۔ لکھ بھیجا۔۔۔۔ "بھائی صاحب قریب المرگ ہیں اور خود احتسابی کے مرحلے میں ہیں، ایک عدد گواہ چاہتے ہیں، شام ڈھلے گھر آیئے گا"۔۔۔۔ قریب المرگ اور شام ڈھلے میں عجیب و غریب مطابقت تھی۔۔۔۔۔۔ پڑھکر قنوطیت طاری ہو گئی - یہ خیال گزرا کہ شیفتہ بر صغیری کو اکثر بھائی صاحب کہہ کر بلاتے ہیں، کہیں انکا ہی چل چلاو نہ ہو، لیکن انکے قریب المرگ ہونے کے آثار تو نظر نہیں آتے! در اصل مرگ کا کیا ہے، وہ کب کسی سے دور ہوتی ہے، پتہ نہیں کس نے قریب المرگ کی اصطلاح متعارف کرائی۔۔۔۔ الکشن سب کے سر پر سوار ہے، سوچا بر صغیری تو ہٹے کٹھے ہیں، حب الوطنی کے جذبہ سے شرابور، الیکشن کے نشے میں چور، معاشی بدحالی سے رنجور اور جھوٹی امیدوں کے نشے میں مخمور- ہم میں سے ایسے کتنے ہونگے بقول علامہ جنہیں یہ کہا جا سکتا ہے کہ۔۔۔ اس سراب رنگ و بو کو گلستاں سمجھا ہے تو۔۔۔۔۔ آہ! اے ناداں قفس کو آشیاں سمجھا ہے تو۔۔۔۔۔ خیالات کے انہیں نشیب و فراز سے گزر کر ہم شیفتہ کے گھر جا پہنچے -بھائی صاحب کو دیکھتے ہی پتہ چلا وہ تو شیفتہ کے حقیقی بڑے بھا ئی ہیں۔۔۔ اور بستر سے لگے ہیں- شاید ہمارا غائبانہ تعارف رکھتے تھے- ہمیں دیکھتے ہی

انکے کتابی چہرے پر کئی رنگ آئے اور گئے، لبوں پر ایک تبسم آمیز لکیر آکر ٹھہر گئی- ---مانوں جیسے کتاب زیست پر خط تنسیخ کھینچنے کی کوشش کی ہو- ہمیں جرم ضعیفی اور مرگ مفاجات سے لے کر مکافات تک سب کچھ یاد آگیا- ہم نے شیفتہ کی طرف استفہامیہ نظروں سے دیکھا اور وہ ہمارا اشارہ سمجھ کر اپنے بھائی صاحب سے مخاطب ہوئے - اب کہہ بھی ڈالیے جو کچھ کہنا ہے ---- اور ساتھ ساتھ کلمہ بھی پڑھتے جایئے---- بھائی صاحب نے رک رک کر کہنا شروع کیا---- دو روپے چار آنے اسکول کے باہر------- خوانچہ لگانے والی بڑھیا کی طرف سے خیرات کرنا ہے--- اس کا ہم پر بقایہ ہے ----- بچپن میں ایک بار اسکے پھل اور بیر چرا کر کھائے تھے----- اس لئے پورے تین روپے دے دینا--- اس بڑھیا کی طرف سے کچھ درورد و سلام بھی ہم نے بھیجے ہیں ----اور کچھ اذکار بھی اسکے نام کر دیے ہیں ----- اس کا اجر اسے ملے تو کچھ گلو خلاصی کے امکانات ہونگے -رب ہماری مغفرت کرے گا- حساب کتاب میں کچھ تو توازن ہو گا--- اور ہاں کالج کی کینٹین والے کے دس روپے نو آنے ہم پر بقایا ہیں------ اب تو وہ بھی مرحومین میں شامل ہو چکا ہو گا- کہیں ہمارے وہاں پہنچتے ہی تقاضانہ کر بیٹھے--- حالانکہ خراب باسی سینڈوچ دیا کرتا تھا کمبخت ---- لیکن ہم نے اسے معاف کر دیا ہے--- اب تک تو اسے پتا بھی چل گیا ہو گا------ ہاں اسکی چائے لاجواب ہوتی تھی---- یا پھر شاید جوانی اور کالج کے ماحول میں ہر ایک چیز لاجواب نظر آتی ہو گی---- اسکی طرف سے گیارہ روپے اسی کے محلہ میں---- بچوں میں تقسیم کر دینا--- اب کیا کریں حقوق کی ادائیگی کسی طور ہو، ورنہ ان بقایاجات کے حقدار تو انکے رشتے دار ہی ہوتے ہیں------ لیکن انہیں کہاں ڈھونڈنے جائیں گے- دین میں رعایت تو ہے نا --- ہاں ہم کہیں بھول نہ

جائیں۔۔۔۔۔۔۔ ہمارے مرحوم پڑوسی دوست۔۔۔۔۔ صالح کی طرف سے اسکول کے بچوں کو کتابیں خرید کر دینا نہ بھولنا۔۔ اسکے روپے الگ سے رکھے ہیں۔۔۔۔ ہمارا دوست ایک کلاس ہم سے آگے تھا، اور ہر سال با قاعدہ اپنی پرانی کتابیں ہمیں دیا کرتا تھا۔۔۔ وہی کتابیں ہم اگلے برس بغل والے پڑوسی کو دے دیا کرتے تھے۔۔۔۔ جو اکثر امتحان میں ناکام ہو جاتا تھا، اس لئے پتہ نہیں ہماری اس نیکی کا اجر ملے نہ ملے۔۔ بلکہ اس کمبخت کی امتحان میں ناکامی کے ذمہ دار ہم نہ ٹھہریں۔۔۔۔۔۔ ویسے صالح کے لئے تو ہم اکثر دعا کرتے ہی رہتے ہیں۔۔۔ لیکن پھر بھی حساب تو حساب ہے نا۔۔۔۔۔۔ ان حسابات کے علاوہ کچھ غیبتیں، کچھ خرافاتی باتیں، کچھ کچھ بے فایدے کا لکھنا پڑھنا بھی ہوا ہے۔۔ کچھ دیکھی ان دیکھی بھی ہوئی ہے۔۔۔ کچھ اپنوں پرایوں کے ساتھ نا انصافیاں بھی ہوئی ہیں۔۔۔ کچھ زوجہ کے حقوق۔۔۔ کچھ والدین کے اور کچھ اولاد کے ۔۔۔ کچھ پڑوسیوں کے بھی تھے۔۔۔۔۔ اور کچھ صاحب الجنب کے۔۔ کچھ اغیار کے بھی۔۔۔۔۔ بہر حال حق تلفی ہوئی ہے۔۔۔ چاہے جو بھی ہو۔۔۔۔۔ اور ہاں کچھ احسانات بھی ہیں۔۔۔ بس کیا کہیں کہ ایک ذرا سی زندگی میں کیا کچھ ہے اور کتنا کچھ ہے ۔۔۔۔۔ اور خسارہ زیادہ نظر آتا ہے۔۔ اپنے ہی ہاتوں میں میزان کانپتی ہے۔۔۔ وہاں جانے کیا ہو۔۔۔۔۔ ان سب کا ازالہ کیسے ہو۔۔۔ اب وقت بھی بلکل نہیں رہا ۔۔۔۔۔ بھئی سب کچھ گزرے کل کی بات محسوس ہوتی ہے۔۔۔ اور ہر ایک کو محسوس ہوتی ہے۔۔۔۔۔۔۔ یہ کہتے کہتے انہوں نے شیفتہ سے نظریں اٹھا کر کہا۔۔۔۔۔ ذرا کھڑکی سے پردہ ہٹانا۔۔ اور پردہ سرکتے ہی ایک نظر کھڑکی کے پار ڈالی اور پھر گویا ہوئے۔۔۔ ظالم دنیا کسقدر حسین ہے۔۔۔۔ کتنی کشش رکھتی ہے۔۔۔ اور وہ شیطان کمبخت اسے اور بھی خوشنما اور پر کشش بنا کر دکھا رہا ہے

۔۔۔چاہتا ہے جاتے جاتے بھی دل یہیں الجھا رہے۔۔۔بد بخت نے بچپن میں کھیل کود میں الجھائے رکھا۔۔۔ جوانی میں مختلف دیوانگی اور مسائل میں ۔۔اور ۔ اب ۔۔۔۔۔۔ہماری مغفرت کے درمیان رخنہ ڈال رہا ہے۔۔۔۔۔۔۔۔ اور ہاں۔۔۔ ہم تو بھول ہی گیے۔۔۔۔۔ ہماری آخری ملازمت جس کمپنی میں تھی۔۔۔۔ان کے مالکان کی طرف سے چالیس پچاس صفحات کی زیروکس کاپیوں کی رقم۔۔۔۔۔۔ بلکہ کچھ زیادہ ہی ہو تو بہتر ہے۔۔۔ غریبوں میں بانٹ دینا۔۔۔۔۔۔اب کیا کریں ذاتی کاغذات کی کچھ نقل فوری درکار تھی۔۔۔۔۔۔۔۔اور ایک دن ہم نے دفتر میں ہی نقل تیار کروالی تھی ۔۔بلا اجازت۔۔۔۔۔۔بس اب اسکا بھی حساب صاف ہو جائے تو بہتر ہے۔۔۔۔۔۔ ویسے دفتر کے مالکان کے لئے ہم دعائیں کرتے رہے ہیں۔۔۔۔۔۔ بھئی پیارے شیفتہ آپ سب لکھ رہے ہیں نا۔۔۔ شیفتہ نے کہا جی۔۔۔جی ہاں۔۔۔۔

ہم نے سوچا۔۔۔ کل ملا کر چار پانچ سو روپوں کا حساب بنتا ہے، یا زیادہ سے زیادہ ایک ہزار سکہ رائج الوقت کے تحت نکلتا ہو گا۔۔۔ لیکن جس زمانے کے یہ بقایاجات ہیں اس زمانے میں ایک ہزار روپے میں پگڑی پر گھر مل جاتے تھے۔جو آج لاکھوں روپوں کے ہیں۔۔۔ ایک ہزار میں اب ایک مناسب لباس بھی نہیں آتا۔۔۔ بھائی صاحب کو کیا پتہ۔۔۔۔ اللہ ان پر رحم کرے۔۔۔کیسے حساب دے پائیں گے۔۔۔۔ پتہ نہیں اپنا کیا ہو گا۔۔۔ لاکھوں کا جوڑ توڑ۔۔۔ اور پھر اپنے میزان میں تو ابھی عبد کے ساتھ ساتھ معبود کے بے شمار حقوق ہیں جو ادا نہ ہو سکے۔۔۔۔۔

بھائی صاحب ہماری پیشانی پر قطرے نمودار ہوتا دیکھ کر پھر مسکرانے لگے اور گویا ہوئے۔۔۔ اب آپ بتائیے گا۔۔۔ کچھ حساب کتاب بہت پیچیدہ ہیں انکا کیا کریں۔۔۔ پچھلے پانچ چھ دہایوں سے الکشن میں باقاعدہ رائے شماری میں حصہ لیا ہے۔۔۔۔۔۔ ان

میں سے کسی بھی امیدوار نے عوام کی بھلائی کے لئے ایمانداری سے کام نہیں کیا۔۔۔ بلکہ اکثر نے تو بے ایمانی کی ہے اور خرد برد کیا ہے۔۔۔۔ اور سب سے بڑھکر ہمارے دین ایمان کو نقصان پہنچایا ہے۔۔۔ ہمارے اعتماد کا خون کیا ہے۔۔۔ اب اس حساب سے کیسے نجات پائیں۔۔۔۔ کہیں یہ گواہی عذاب جاریہ نہ ہو جائے۔۔۔۔۔ بلکہ جوانی میں اکثر ایک سیاسی پارٹی کی دامے درمے سخنے مدد بھی کرتے رہے ہیں۔۔۔۔ بڑے نعرے بلند کیے تھے۔۔ اور جھنڈے لہرائے۔۔۔۔۔۔ اور اب سنا ہے اسی سیاسی جماعت کی مجرمانہ خاموشی نے قوم و ملت کو دربدر ہونے پر مجبور کیا ہے۔۔۔ بلکہ حقیقت تو یہ ہے کہ ہمیں اور ہم جیسوں کو بلواسطہ یا بلاواسطہ ان سیاسی پارٹیوں سے کوئی فایدہ، سوانقصان کے نہ ہوا۔۔۔۔ اس بار ہمارا ووٹ شاید آخری ہو۔۔۔۔۔ اور یہ بھی ممکن ہے مہلت ہی نہ ملے اور اسکی نوبت ہی نہ آئے۔۔۔۔ اور اگر آئی تو اب سوچ سمجھ کر ہی ووٹ دینگے ۔۔۔ اور اگر تمام امیدوار غیر معتبر اور نااہل ہویے تو "NOTA (none of the above)" کی رعایت کا استعمال کریں گے۔۔۔۔ اور ان میں سے کسی کو بھی ووٹ نہ دیں گے۔۔۔۔ اہل جمہوریت کو پتہ تو چلے کہ اگر امیدواروں میں غیر معتبر اور نا اہل حضرات کی بھرمار ہے تو بھئی کیوں ہے؟۔۔ اور اب کیا کیا جانا چاہیے؟۔ اس کا کوئی علاج ہے بھی یا نہیں۔۔۔۔۔ بقول علامہ سٹنڈل نے اس راز کو فاش کیا کہ۔۔۔۔۔ جمہوریت میں بندوں کو گنا کرتے ہیں تولا نہیں کرتے۔۔۔۔۔ لوگ باگ تو احمقانہ باتیں کرتے ہیں۔۔۔ سیکولر ووٹ بینک کو نہ توڑیں۔۔۔۔ کسی بھی طرح بھگوا پارٹیوں کو حکومت میں آنے سے روکیں اور ووٹ ضرور دیں۔۔۔۔ ورنہ مسلمانوں کو سانس لینا دشوار ہو جائیگا۔۔۔ وہ اس سے پہلے بھی آ کر گئے ہیں۔۔۔ جب اونٹ پہاڑ کے نیچے آیا تھا ۔۔۔ ٹھیک ہے مناسب اور اہل امیدوار اگر ہے تو ضرور دیں گے۔۔ کیا غیر بھگوا

پارٹیوں میں بھگوا ذہنیت کے حامل نہیں ہیں۔۔۔ ان میں کون دودھ کا دھلا ہے۔۔۔ سب مادیت پرستی کا کھیل ہے اور لوگ جان کر انجان بن رہے ہیں۔۔۔۔۔۔ بھئی اب دنیا کے لئے آخرت تو داؤ پر نہیں لگائی جاسکتی نا۔۔ ان سیاستدانوں کا کیا ہے۔۔۔ جمہوریت کے تالاب کے کنارے اگے ہوئے سوکھے درختوں کی مانند ہیں۔۔۔ جن کا عکس تالاب میں نظر آتا ہے۔۔۔ اب بھلا عکس کے مسلسل پانی میں رہنے سے تو درخت ہرے بھرے نہیں ہوتے نا!۔۔۔ علامہ نے خوب کہا۔۔۔ نہ ہو طبیعت ہی جنکی قابل، وہ تربیت سے نہیں سنورتے۔۔۔۔۔۔۔۔۔ ہوا نہ سر سبز رہ کے پانی میں عکس سر کنار جوکا۔۔۔۔۔۔۔۔ ہاں تو اب بتائیے ان تمام رائے شماریوں میں ہم نے جو گواہی دی ہے اور جو ناکردہ گناہ ہیں ان کا کیا کریں؟۔۔۔ ہم بھی سب کی طرح آسودۂ ساحل رہے۔۔۔۔۔۔ اور حالات پر قانع۔۔۔۔ آنے والی نسلوں کے لئے بس ایک صبر و قناعت کا جھوٹا مفہوم چھوڑ کر جا رہے ہیں۔۔۔۔ کبھی اس خیال پر غور نہیں کیا کہ۔۔۔۔۔۔۔ "وہ جو آسودہ ساحل ہیں انہیں کیا معلوم ۔۔۔ اب کے موج آئی تو پلٹے گی کنارے لے کر"۔۔۔۔ ہماری طرح ہزاروں کی عمریوں ہی گزر گئی۔۔۔۔۔۔ اور ہماری آنکھوں نے موجوں کو آ آ کر کناروں سے ٹکراتے دیکھا۔۔۔۔۔۔ ہم تو بچ کر نکلتے رہے۔۔۔ لیکن آنے والی نسلوں کو ڈوبنے سے بچانے کے لئے کچھ بھی نہ کیا۔۔۔ اب اس کا ازالہ کیوں کر کریں۔۔۔ اور ہاں قوم و ملت کے استبداد و استحصال کی جو سازش رچی جا رہی تھی۔۔۔ اور جس پر مختلف حیلے بہانوں سے جو خاموشی اختیار کر رکھی تھی۔۔۔ اس کا بھی کچھ ازالہ ہونا چاہیئے نا۔۔۔۔۔ بھگوا تنظیمیں اور انکے پروردہ۔۔۔۔ اب کھل کر کھیل کر رہے ہیں۔۔۔ اپنے منشور میں۔۔۔۔ ہندوتوا کا لائحہ عمل یکساں سول کوڈ کے لبادے میں تیار کر رکھا ہے۔۔۔۔۔۔ آرٹیکل ۳۷۰ اور مسجد کی جگہ کو غصب کر مندر میں تبدیل

کرنے کا کھلا اظہار بھی کر چکے ہیں - شاہنوازوں ، مختاروں ، نجماؤں اور اکبروں کو ہماری شناخت بنا کر پیش کیا جا رہا ہے۔۔۔۔۔۔ ذرائع ابلاغ کہیں الزامات اور تہمتوں کی رنگینیوں میں مگن ہیں تو کہیں تعصب کی سیاہی میں شرابور - مسلم سیاستداں خود غرضی اور دنیاوی مفادات کی خاطر ایمان کا سودا کر چکے ہیں، ایسے نام نہاد مسلمانوں کو اپنی آخرت کا کیا پتہ ۔۔۔۔۔۔ اکبر تو حال ہی میں "تلواروں کی چھاوں" میں ایک کتاب تصنیف کر سمجھ بیٹھے کہ حق مسلمانیت ادا ہو گیا۔۔۔۔۔۔ اب جو چاہے سو کرینگے۔۔۔۔۔۔ ایسے ادیبوں نے ہی سوشل ازم اور سیکولر ازم کے نام پر مسلمانوں کا بیڑہ غرق کیا ہے - ہماری شناخت بن کر ہمارے ہی قلب میں خنجر گھونپا ہے۔۔۔۔۔۔ دشمن کا ساتھ دینے کے لئے کیا کیا علتیں نہیں تراشی ۔۔۔۔۔ کیسے کیسے جواز نہیں ڈھونڈے ۔۔۔۔۔۔ چند تو ایسے بھی ہیں جو دشمنوں کی صف میں کھڑے ہو کر یہ دلاسہ دے رہے ہیں۔۔۔۔ کہ ہم قوم و ملت کی ڈھال بن رہے ہیں۔۔۔ دشمن بھی خوب ہنس رہا ہے ۔۔۔ اب کس کس کا ذکر کریں ۔۔۔ سیاست کے تالاب میں سب کے دامن تر ہیں۔۔۔ اور تار تار بھی ۔۔۔ ان میں سے اکثر کے دامن تو آگے سے تار تار ہیں۔۔۔ حیف کہ دعوی یوسف مصر ہونے کا کر رہے ہیں۔۔۔۔۔۔ ویسے حقیقت یہ ہے کہ ہندوستان میں اکثریت کسی کی نہیں ہے۔۔۔ لوگ اتنے خانوں میں بٹے ہیں۔۔۔۔ کوئی احمق ہی ہو گا جو ہندو اکثریت کی بات کر رہا ہو گا۔۔۔ یہاں تو ہر ایک کا اپنا ایک عقیدہ ہے اور ہر ایک کی اپنی بے بسی ، اپنی زبان، اپنی کہانی ۔۔ اپنی ماں، اپنا بھگوان، اپنا خاندان، اپنا نیتا، اپنا مال ۔۔ اور اپنے اپنے مسائل ۔۔۔۔۔۔۔ اور جو کچھ الکشن کے وقت اور فرقہ وارانہ فسادات کے وقت نظر آتا ہے وہ سارا ماحول تو بنا بنایا ہوتا ہے ۔۔۔ روپوں کے زور پر ۔۔۔ طاقت کے زور پر ۔۔۔ سازشوں کے زور پر ۔۔۔ شیفتہ نے فرمایا ۔۔۔۔۔۔ بھائی صاحب آپ کے لئے اب

صرف وقت استغفار بچا ہے۔۔۔ہاں آپ کی روداد آنے والی نسلوں تک پہنچا دی جایے ۔۔۔بس یہی کچھ ہو سکتا ہے۔۔۔۔۔ تاکہ وہ کچھ نصیحت لے اور آپ کی کوتاہیوں کا کچھ ازالہ ہو جائے۔۔۔۔۔۔۔۔۔بھائی صاحب نے پلکوں سے ایک موتی انگلیوں کی پوروں سے اٹھایا اور گویا ہوئے۔۔۔

اس موج کے ماتم میں روتی ہے بھنور کی آنکھ
دریا سے اٹھی لیکن ساحل سے نہ ٹکرائی

Those who are staying at the beach. Essay: Zubair H Shaikh

***

۶

خواتین پر تشدد: اسباب اور حل

رفیع الدین حنیف قاسمی

عورتوں کے ساتھ جنسی تشدد کے حادثات، آئے دن اس حوالہ نت نئے واقعات پیش آرہے ہیں، اس سلسلے میں سخت قوانین بنائے جانے اور مجرمین پر سزا کے نفاذ کے باوجود اس طرح کے جرائم وحادثات ملک میں روزافروں ہیں، ابھی کچھ دن قبل دہلی میں ایک غیر ملکی خاتون کی عصمت ریزی نے بھی عورت کے تحفظ پر سوالیہ نشانات لگادیئے، ۲۰۱۲ دسمبر میں بھی ایک نوجوان لڑکی کے ساتھ اجتماعی عصمت دری کا واقعہ پیش آیا تھا، اس نے ساری ملک ہی نہیں؛ بلکہ ساری دنیا میں ایک ہنگامہ سا کھڑا کر دیا تھا، اس واقعہ کی نوعیت اور سنگینی بھی اس قدر بھیانک تھی اس کا چرچا ہونا کوئی اچھنبے کی بات نہ تھی، اس وقت اس جنسی درنگی کے واقعہ پر پارلیمنٹ میں بھی اس کا خوب چرچا ہوا، پھر اس لڑکی کو جسے "نربھئے" کا فرضی نام دیا گیا تھا اسی کے نام پر ایک قانون بنایا گیا جیسے "نربھئے ایکٹ" کا نام دیا گیا، یہ تو دلی ہے، ملک کی راجدھانی ہے جہاں اس قسم کے واقعات آئے دن سننے میں آتے ہیں؛ بلکہ ایک رپورٹ کے مطابق امریکہ جو کہ ساری دنیا کو قانون کا سبق دیتا ہے وہاں جنسی جرائم کے واقعات سب سے زیادہ پیش آتے ہیں، دوسرے نمبر پر ہندوستان کا شمار ہوتا ہے جہاں ہر ۲۰ منٹ میں میں ایک عورت آبرو

ریزی کی شکار ہوتی ہے ، ملک کے گوشہ گوشہ اور چپے چپے میں اس طرح کے واقعات روزانہ کا معمول ہیں ، ہمارے ملک میں خواتین قانون ساز ادارے بڑی تعداد میں موجود ہیں اور یہاں کا قانون بھی سخت ہے ، زنا بالجبر میں ملوث شخص کو کم سے کم دس سال کی قید کی سزا دی جاتی ہے ، زیادہ سے زیادہ اس کو عمر قید میں بھی تبدیل کیا جاسکتا ہے ، ہمارے ملک میں اس قدر سخت قانون کے موجود ہوتے ہوئے اس طرح کے جنسی جرائم کے واقعات روز افزوں کیوں ہیں ؟ ایک روزنامہ میں ترتیب وار ہندوستان کی راجدھانی دہلی میں پانچ سالوں کے درمیان عصمت دری کے پیش آنے والے واقعات کے اعداد و شمار ذکر کئے گئے ہیں جس سے یہ اندازہ لگایا جاسکتا ہے ہمارا ملک جس کی اخلاقی کتھائیں ساری دنیا میں عام ہیں ، اس کو مغربیت کس طرح دیمک کے مانند کھارہی ہے ، ۲۰۰۹ میں ۲۰۱۰،۴۶۹ میں ۲۰۱۱،۵۰۷ میں ۵۷۲، ۲۰۱۲ میں ۲۰۱۳،۷۰۶ میں ۱۶۳۰ اعورتیں عصمت دری کی شکار ہوئیں ، اسی طرح دست درازی کے واقعات ۲۰۰۹ میں ۲۰۱۰،۵۵۲ میں ۲۰۱۱،۶۰۱ میں ۲۰۱۲،۶۵۷ میں ۲۰۱۳،۷۲۷ میں ۲،۸۸۴، ان اعداد و شمار سے اندازہ لگایا جاسکتا ہے کہ ہمارا ہندوستانی مشرقی معاشرہ کس قدر مغرب پرست اور جنسیت اور حیوانیت و درندگیت کا شکار ہوتا جارہا ہے ، قوانین کے نفاذ کے جہاں تک بات ہے اس سلسلے میں بھی تساہل اور لاپرواہی سے کام لیا جاتا ہے ، ویسے رشوت ستانی کے ذریعے بڑے بڑے معاملات حل ہوجاتے ہیں یہ واقعات پیسوں کے بل بوتے پر پس پردہ کیوں نہ چلے جائیں گے ، اس کے علاوہ بڑے خاندان اور بااثر لوگ غریب خاندان کی لڑکیوں کو ڈرا دھمکا کر بھی خاموش کردیتے ہیں ، ویسے ہمارے ملک میں اس حوالے سے جو قوانین ہیں اس کا نفاذ کے حوالے سے ہمارا ذمہ دار طبقہ امانت دار ہوتا تو بھی اس قسم کے جرائم پر قدغن لگایا جاسکتا ، جتنی امانت داری

کے ساتھ دیگر ترقی یافتہ ممالک میں قوانین پر عمل در آمد کیا جاتا ہے، ہمارے ملک میں نہیں، صرف زنا بالجبر کے معاملوں میں شرح سزا کا تجزیہ کریں تو پتہ چلے گا کہ زانیوں میں سے مشکل سے چوتھائی افراد کو ہی سزا مل پاتی ہے، وہ بھی سالوں عدالتوں کے دروازوں پر ٹھوکریں کھانے کے بعد، ورنہ تو اکثر مجرم سینہ تان کر "چور مچائے شور" یا "چوری اور سینہ زوری" کے مصداق دندناتے پھرتے ہیں، ہمارے ملک میں اس وقت جرائم کا گراف جس قدر بڑھتا جارہا ہے سزا یابی کی شرح بھی اس قدر گھٹتی جارہی ہے، ان معاملات میں ۱۹۷۳ میں سزایابی کی شرح ۴۴ء۳ فیصد تھی اور ۲۰۱۱ میں یہ شرح گھٹ کر ۴ء۲۶ فیصد رہ گئی، موجودہ صورتحال بھی کچھ ایسی ہی ہے، ہمارے قوانین کی ایک کمی یہ بھی ہے کہ صرف زنا بالجبر ہی کو جرم مانا جاتا ہے، دو بالغ مرد و عورت کا اپنی مرضی سے جنسی تعلق قائم کرنا جرم شمار نہیں، حالانکہ ہمارا یہی نظریہ جنسی جرائم کو بڑھاوا دیتا ہے اور مردوں کو جنسی جرائم پر اکستا تا ہے اور ان جنسی جرائم کے کرتا دھرتا ہمارے قانون کی اسی کمزوری کا سہارا لے کر بسا اوقات انتہائی چابک دستی اور مہارت کے ساتھ زنا بالجبر کو زنا بالرضا ثابت کر دیتے ہیں، اس لئے بھی یہ ہمارے قوانین ان جرئم کی روک تھام میں ناکام ثابت ہو رہے ہیں، اس کے علاوہ بھی ہندوستان جس کی حسن معاشرت اور اخلاق کی داستانیں ابھی تک پرانی نہیں ہوئیں، جہاں عورت کو ماں، بہن، بیوی وغیرہ کی شکل میں ماتا دیوتا کا درجہ دیا جاتا ہے، کم از کم ہم ہندوستانی اپنی مشرقی معاشرت کا پاس ولحاظ رکھتے تو اس قدر جنسی جرائم کا گراف نہ بڑھتا، آج ہندوستان میں رائج بے پردگی، عریانیت اور بے حیائی اور عورتوں کی بدچلنی اور بدکرداری نے بھی ہمارے ملک میں اس قسم کے جرائم کو بڑھاوا دیا ہے، جس میں عورت جس قدر مجرم ہے، مرد حضرات بھی کم مجرم نہیں، اگر ہم اپنے بچوں کو شروع ہی سے پردہ اور حیاء کا سبق کا دیتے اور عورت کو بے لباس یا چست لباس نہ

کرتے تو آج یہ برے دن ہمیں نہ دیکھنے پڑتے، فلموں اور سیریلیوں اور اس کے عشق و معاشقہ کی داستانیں اور اس کی ہیجان انگیز اور بے محابا عورتوں نے بھی نوجوانوں کو شہوانی اور حیوانی جذبات کو مہمیز کیا ہے، ہماری سب سے بڑی خرابی یہ ہے کہ جب کوئی واقعہ پیش آتا ہے تو اس پر بڑا ہڑ بونگ مچایا جاتا ہے، واویلا کیا جاتا ہے، لیکن عورت کو حیاء اور عزت کا سبق دیا جائے، اس کو پاپردہ بنایا جائے اس قسم کی بات کی جاتی ہے تو اسی دقیانوسیت اور پرانے خیالات تصور کیا جاتا ہے، حقیقت تو یہ ہے کہ قوانین کے بنانے سے کچھ حد تک ان واقعات کی روک تھام ضرور کی جاسکتی ہے، لیکن جب تک ہمارے معاشرے سے بے حیائی اور بے پردگی کے مناظر اور شہوت انگیز فلموں اور سیریلوں کا خاتمہ نہیں ہوتا، عورت کو حیاء کا سبق نہیں دیا جاتا، اس وقت تک اس قسم کی برائیوں پر بند لگانا ممکن ہی نہیں، اسی لئے اسلام نے قوانین کے ساتھ ساتھ اخلاقی تربیت کا سہارا لیا، آج اس وقت اس طرح کے جرائم میں ملوث افراد کے حوالے سے حبس دوام اور پھانسی وغیرہ کی سزا کا مطالبہ کیا جاتا ہے، اس قدر سنگین سزا کا مطالبہ اسی لئے نہ کیا جاتا ہے واقعہ کی سنگینی ہمارے نگاہوں کے سامنے ہوتی ہے، اسلام نے اگر غیر شادی شدہ زانی کے لئے سو کوڑے اور شادی شدہ کے لئے سنگسار کرنے کا جو حکم دیا ہے وہ جرم کی اسی سنگینی کی وجہ سے تو، کہ اگر اس قدر سنگین سزا دی جاتی ہے تو اس گناہ اور جرم کے ارتکاب کے قبل ہی مجرم اقدام گناہ سے باز آجائے گا، اسلام کے ان جنسی جرائم پر قدغن لگانے سے متعلق جو احکامات ہیں اگر اس کو ساری دنیا اپنا لے تو اس قسم کے جرائم معاشرے میں پنپنے ہی نہیں پائیں گے، جنسی بے راہ روی سے حفاظت کیوں کر ممکن ہے ؟

ا۔ ان برائیوں اور جنسی بے راہ روی کے چور دروازے بند ہی رہیں اسکے لئے اسلام نے نگاہ نیچے رکھنے کا حکم کیا ہے، کیونکہ بے راہ روی اور گمراہی کا چور دروازہ یہیں سے کھل

جاتا ہے، یہ زہر آلود تیر یہیں سے جسم و جان میں پیوست ہوتے ہیں، ارشاد باری عزو جل ہے: "آپ فرمادیں مومن مردوں کو کہ وہ اپنی نگاہیں نیچی رکھیں اور اپنی شرمگاہوں کی حفاظت کریں یہ ان کے لئے زیادہ ستھرا ہے بیشک اللہ تعالیٰ اس سے باخبر ہے جو وہ کرتے ہیں"۔

(النور:۳۰)

اور آگے عورتوں کو بھی مخاطب کرتے ہوئے فرمایا: "اور آپ فرمادیں مومن عورتوں کو کہ وہ نیچی رکھیں اپنی نگاہیں، اور اپنی شرمگاہوں کی حفاظت کریں، اور اپنی زینت (کے مقامات) کو ظاہر نہ کریں، مگر جو اس میں سے ظاہر ہو (جس کا چھپانا ناگزیر ہے) اور اپنی اوڑھنیاں اپنے گریبانوں پر ڈالے رہیں"۔

(النور:۳۱)

۲۔ شریعت نے یہ حکم دیا ہے کہ جب لڑکیاں بالغ ہوجائیں تو کشادہ اور طویل لباس پہنا کریں، کہ ان کا جسم جھلکنے نہ پائے، اعضاء جسمانی نمایاں نہ ہوں، اور برائی کو دعوت دینے والے دروازے بند رہیں۔ نبیؐ کریم ا نے حضرت اسماءؓ بنت ابو بکرؓ سے فرمایا: اے اسماءؓ! جب لڑکی بالغ ہو جاتی ہے، تو اسکے سوائے ان اعضاء کے کسی اور کو دیکھنے کی اجازت نہیں "جب لڑکی بالغ ہوجائے تو اس کے لئے مناسب نہیں ہے کہ اس کے یہ اعضاء دکھائی دیں" اور حضوراکرم ا نے اپنے چہرے اور ہتھیلیوں کی جانب اشارہ فرمایا: (ابوداؤد: باب فیما تبدی المرأۃ من زینتھا، حدیث: ۴۱۰۴)

آج کل کی لڑکیاں لباس کے پہننے میں ان امور کا کس قدر اہتمام کرتی ہیں؟؛ بلکہ وہ تو اپنے آپ کو نمایاں کرنا اور اپنے حسن کا اعلان کرنا چاہتی ہیں، خصوصاً برقع کا استعمال جو پردے کے لئے ہوتا ہے، اس میں اس قدر زیب وزینت اور میناکاری کی جاتی ہے کہ

بجائے پردہ کے وہ خود کشش اور بری نظروں کو دعوت دینے والا ہو گیا ہے۔ جہاں آج کل اس حوالے سے مرد کو جس قدر مجرم گردانا جاتا ہے، اس سے کہیں بڑھ کر عورتیں خود اس قسم کے واقعات اور حادثات کے پیش آنے کا پیش خیمہ اور سبب ہیں

۳۔ اور یہ بھی فرمایا کہ: اپنی زینت اور پازیب وغیرہ کی جھنکار کا اظہار کرتی ہوئیں، سوئے ہوئے شہوانی جذبات اُبھارتے اور اکساتے نہ پھریں، ارشادِ باری عزوجل ہے: اور وہ اپنے پاؤں (زمین پر) نہ ماریں کہ وہ جو اپنی زینت چھپائے ہوئے ہیں پہچان لی جائیں۔ (النور: ۳۱)

۴۔ اور عورتوں کو نرم لب ولہجہ کے اختیار کرنے لوچ و لچک کے ساتھ بات کرنے سے بھی منع فرمایا کہ اس روحانی امراض میں مبتلا دل لالچ کرنے لگیں گے۔ ارشاد باری عزوجل ہے: اے نبی کی بیویو! تم کسی عام (عورتوں) کی طرح نہیں ہو، تم پرہیزگاری اختیار کرو تو گفتگو میں ملائمت نہ کرو کہ تاکہ جس کے دل میں کھوٹ ہے وہ لالچ (خیال فاسد) نہ کرے۔

(الأحزاب ۳۲)

مطلب یہ ہے کہ جب عورتیں اجنبی مرد سے مخاطب ہوں تو گفتگو کا انداز نرم نہ ہو؛ کہ اس کی وجہ سے مردوں کی شہوت بھڑکے گی، اور ان کے دل برائی کی تمنا کرنے لگیں گے، جب لہجہ اور تخاطب میں اجنبی کے ساتھ نرم رویہ اختیار کرنے کو اسلام نے منع کیا ہے تو اسے برائی اور خباثت کے دروازے کھول دینے کے مترادف کہا ہے، جو لڑکیاں اجنبی لڑکوں سے اشاروں کنایوں میں بات کرتی ہیں، آپس میں مزاح و مذاق ہوتا ہے، آپس میں چھینا جھپٹی ہوتی ہے، دیر سویر یہ چیزیں بدکاری کی راہوں پر لے جائیں گی، کہاں گئی امت مسلمہ کی ماں بہنوں کی وہ غیرت وعفت جو ہر جگہ اجنبیوں کے ساتھ

اپنی مسکراہٹیں بکھیرتی اور دعوتِ گناہ دیتی نظر آتی ہیں۔ حضرت اسماءؓ بنت ابو بکرؓ ایک دفعہ پیدل ایک کھیت سے واپس آرہی تھیں، تو راستے میں حضوراکرم اسے سامنا ہوا، تو آپ انے ان سے فرمایا: سواری پر پیچھے سوار ہو جاؤ، تو انہوں نے حضوراکرم اسے معذرت کی؛ چونکہ ان کے شوہر عبداللہ بن زبیرؓ نہایت ہی غیرت اور حیاء دار شخص تھے، وہ نہیں چاہتی تھیں کہ ان کے جذبات کو کسی بھی طرح ٹھیس پہونچے؛ بلکہ انہوں نے حضوراکرم اسے چہرے سے چہرہ ملانا اور بات کرنا تک گوارہ نہیں کیا، جن سے کسی طرح گفتگو کا موقع مل جائے یہ حضرات صحابہ کرام کی تمنا ہوا کرتی تھی، ایک طرف تو یہ عفت و حیاء کی مجسمِ پیکر ہماری مائیں اور بہنیں ہیں، اور دوسری ہماری آج کل کی مائیں بہنیں ہیں جو بے محابا اجنبی مردوں سے اختلاط رکھتی ہیں، ان سے دل لگیاں کرتی ہیں۔

آج کل نوجوان اجنبی لڑکے اور لڑکیاں پارکوں میں ناشائستہ حرکات وسکنات میں ملوث نظر آتے ہیں یا کسی جگہ محو گفتگو نظر آتے ہیں، اگر اسلامی قانون کا نفاذ ہوتا اور اسلامی سزائیں جاری کی جاتیں تو وہ اس بے محابا اختلاط اور میل جول میں ہرگز نظر نہ آتیں۔ حضرت امام مالکؒ فرماتے ہیں: اگر دو اجنبی مرد و عورت کے مابین خلوت غیر شرعیہ ہو جائے اور دونوں ایک بند کمرے میں پائے جائیں اور وہ دونوں اپنے کپڑوں میں موجود ہوں تو ان کو تیس کوڑے مارے جائیں گے، اور ایک اجنبی مرد و عورت کسی راستے میں ایک دوسرے سے محو گفتگو نظر آئیں تو دونوں کو بیس کوڑے مارے جائیں گے اور اگر کوئی شخص کسی لڑکی کے پیچھے چلتا ہوا نظر آئے اور وہ اس لڑکی کو اشارہ کررہا ہو، اور وہ اس کی جانب اشارہ کررہی ہو، تو ان دونوں کو دس کوڑے لگائے جائیں گے، اور اگر زنا کے شروع کرتے ہوئے نظر آئیں، تو ساٹھ کوڑے مارے جائیں (اور زنا میں ملوث نظر آئیں سو کوڑے غیر دی شدہ کو اور رجم شادی شدہ کو)

۵۔ اسلام نے عفت و عصمت کی حفاظت، برائی اور بدکاری کے دروازوں کو بند کرنے کے لئے نکاح کی ترغیب و تعلیم دی ہے، اسلام نے تجرد و تنہائی اور غیر ازواجی زندگی کو ناپسند کیا ہے اسلئے مسلمان کو اگر شادی کی قدرت اور استطاعت ہو تو اس سے ہرگز اعراض نہیں کرنا چاہیے ، صرف یہ کہتے ہوئے کہ میں عبادت کے لئے فارغ ہونا چاہتا ہوں، بالکل دنیا سے الگ تھلگ ہو کر یکسوئی کے ساتھ متوجہ الی اللہ ہونا چاہتا ہوں، اس راہبانہ اور تجردانہ زندگی اور اس کی کارگذاریوں کو ملاحظہ کیجئے: برطانیہ کے "ڈیلی میل" اخبار کے مطابق ۸۰ فیصد پادری اور نن انحراف اور بے راہ روی کے شکار ہیں اور ۲۰ فیصد تو بری طرح جنسی شدوذ میں مبتلا ہیں، (جریدۃ المسلمون: شمارہ ۳۵۷، جمادی الآخر ۱۴۱۲) جب بعض صحابہ کرام میں اس قسم کی راہبانہ، زاہدانہ زندگی کے رجحانات نظر آئے تو آپ ا سختی سے منع کیا اور فرمایا یہ دراصل اسلام کے طریقہ کار اور سنتِ نبوی اسے انحراف کے مترادف ہے۔ آپ انے ان سے فرمایا: میں تم میں اللہ عزوجل کو سب سے زیادہ جاننے والا اور اس سے ڈرنے والا ہوں ، لیکن میں نماز بھی پڑھتا ہوں اور سوتا بھی ہوں، روزہ بھی رکھتا ہوں، افطار بھی کرتا ہوں، عورتوں سے نکاح بھی کرتا ہوں، جو شخص میری سنت سے اعراض کرے وہ مجھ سے نہیں۔ (بخاری: باب الترغیب فی النکاح: حدیث ۵۰۶) اسی لئے نبی کریم انے نوجوانوں کو مخاطب کر کے فرمایا: ائے نوجوانوں کی جماعت! جو تم میں سے نکاح کی استطاعت رکھے نکاح کرلیں، چونکہ نکاح نگاہوں کو نیچی کرتا ہے اور شرمگاہ کی عفت و عصمت کا ضامن ہے۔

(باب من لم یستطیع الباءۃ فلیصم: حدیث ۴۰۲۶۱)

اس لئے علماء نے کہا ہے کہ: نکاح اگر انسان کر سکتا ہو تو اس پر نکاح کرنا فرض ہے، محض تنگیٔ معاش، اخراجات کے ناکافی کو بہانا بنا کر نکاح سے رکا نہیں جا سکتا، اللہ

عزوجل نے عفاف وپاکیزگی کے طالب نکاح کرنے والے اپنی جانب سے رزق کے مہیا کرنے کا وعدہ کیا ہے۔ ارشاد باری عزوجل ہے: اور تم نکاح کرو اپنی بیوہ عورتوں اور اپنے نیک غلاموں اور اپنی کنیزوں کا، اگر وہ تنگ دست ہو تو اللہ انہیں غنی کردے گا اپنی فضل سے۔ (النور: ۳۲) اور ایک دفعہ رسول اکرم انے ارشاد فرمایا: اللہ تعالیٰ نے تین اشخاص کی امداد کا اعلان کیا ہے، ایک پاکیزگی اور عفت کے لئے نکاح کرنیوالے کی دوسرے مکاتب جو ادائیگی کا ارادہ رکھتا ہو اور تیسرے اللہ عزوجل کے راستہ میں جہاد کرنے والے کی۔

(ترمذی: باب ماجاء فی المجاہد: حدیث: ۱۶۵۵)

بہر حال اگر جنسی اس بے راہ روی کے سیلاب پر بند لگانا ہے تو مسلم معاشرہ کو بھی آگے آنا ہو گا جو نوجوان معاشی کمزوری کی وجہ سے نکاح کی استطاعت نہ رکھتے ہوں ان کی امداد و اعانت کرنی ہو گی، زکاۃ اور دیگر اسلام کے مالی واجبات کے ذریعہ ان نوجوانوں کی حوصلہ افزائی کرنا ہو گا، ان کو آمادۂ نکاح کرنا ہو گا، اسطرح معاشرہ عفیف اور پاکیزہ ہو گا، جس کے اچھے اثرات نہ صرف اس فردِ واحد سے وابستہ ہونگے، بلکہ سارا معاشرہ ان اچھے اثرات سے مستفید ہو گا، خود مسلمانوں کی فلاحی اور رفاہی تنظیموں کو بھی اجتماعی شادیوں کے نظم کے ذریعے سماج اور معاشرہ کی ایک بڑی ضرورت کو پورا کرنا ہو گا۔

Violence against women - Causes and Solutions. Essay: Rafi Haneef

***

۷

موسیقی کی دنیا کے روشن ستارے

: ملکہ غزل بیگم اختر کی صدی

اودیش رانی

اگلے برس موسیقی کی دنیا کے روشن ستارے اور ملکہ غزل کی صدی منانے کا اہتمام ان کی ایک شاگردہ ریتا گنگولی کر رہی ہیں۔ جی ہاں! بیگم اختر جو کبھی اختری بائی کے نام سے جانی جاتی تھیں۔ وہ ۱۹۱۴ء میں کولکتہ میں پیدا ہوئیں۔ لکھنو میں تربیت ہوئی۔ پٹیالہ گھرانے کے عطا احمد خاں سے موسیقی کی تربیت حاصل کی۔ ویسے وہ کلاسیکل موسیقی سے زیادہ دلچسپی نہیں لیتی تھیں مگر ٹھمری، دادرا، پر ان کی اچھی گرفت تھی جس کیلئے وہ پہچانی جاتی تھیں، مگر غزل ان کی پسندیدہ تھی اور انہوں نے اس میں اپنا اعلیٰ مقام بنایا۔

حیدرآباد میں ان کی آواز نظام کی سلور جوبلی کے موقع پر گونجی تھی۔ جب انہوں نے مبارکبادی گائی تھی۔ ۱۹۳۶ء میں حیدرآبادیوں نے بیگم اختر کو پہچانا۔ اس کے بعد ان کی شادی بیرسٹر اختر سے ہوگئی۔ کافی عرصے تک بیگم اختر نے گانا چھوڑ دیا وہ شدید بیمار ہوگئیں۔ ان کے شوہر نے بہت سے ڈاکٹروں کا علاج کروایا مگر افاقہ نہ ہوا۔ ۱۹۴۱ء میں امریکہ کے ایک ماہر نفسیات نے بتایا کہ بیگم اختر کو گانا چاہئے اور اس کے ساتھ ہی ان کی

صحت ہو جائے گی، چنانچہ وہ چیاریٹی پروگرام پیش کرنے لگیں۔ ان کا پہلا ہی پروگرام چھ گھنٹے تک جاری رہا اور آٹھ ہزار روپے انہوں نے بطور عطیہ دیا۔

ایک دلچسپ واقعہ ان کی زندگی کا ہے کہ ایک سوال چل پڑا تھا کہ اگر نہرو وزیر اعظم بنیں گے تو پہلا کام کیا کریں گے؟ نہرو صاحب نے ازارہ مذاق اپنی بہن وجے لکشمی پنڈت سے کہا کہ وہ ہارمونیم کو ممنوع قرار دیں گے۔ آزادی کے بعد وزیر نشریات نے آل انڈیا ریویڈ سے ہارمونیم برخواست کروادیا، ان ہی دنوں بیگم اختر کا پروگرام تھا۔ جواہر لال جی بے چین تھے کہ وہ پروگرام سنیں گے۔ ادھر بیگم اختر ہارمونیم کے ساتھ ریڈیو اسٹیشن پہنچ گئیں لیکن ممنوع ہارمونیم روک دیا گیا۔ وہ واپس چلی گئیں، پروگرام پیش نہ ہو سکا۔ نہرو جی نے پوچھا تو ان کو پتا چلا کہ ان کے مذاق نے کس طرح ہارمونیم کی بے عزتی کی اور نہرو جی نے ہارمونیم کو آل انڈیا ریڈیو پر واپس لانے کی ہدایت جاری کی۔

بیگم اختر حیدرآباد آتیں تو بہت سے شائقین موسیقی ان کی محفلوں میں شریک ہوتے۔

میں ماسکو میں تھی، بہار کی آمد آمد تھی اور ہم ہندوستانی طالب علم ازبک ریستوراں میں روٹی لینے پہنچے تو ریستوراں پر اشتہار دیکھا کہ سڑک کی دوسری طرف جو تھیٹر ہے اس میں ہندوستانی موسیقی کا پروگرام ہے اور بیگم اختر اس وفد میں شامل ہیں۔ اب ہمارے اشتیاق کے باندھ ٹوٹ گئے اور ہم سب تھیٹر پہنچے مگر وہی روسی افراد نے سارے ٹکٹ خرید لئے تھے۔ تھیٹر کے چوکیدار نے ہم کو اندر جانے سے منع کر دیا۔ اب ہمارے ذہن سے تیزی سے کام کیا اور ہم نے چوکیدار کو بتایا کہ وہ مسلم گلوکارہ ہیں ہم ان کے شہر کے رہنے والے ہیں اور وہ ہماری پڑوسن ہیں۔ ہم اپنے گھر والوں کے بارے میں ان سے معلومات حاصل کرنا چاہتے ہیں اور ان کے پاس جو خط ہے وہ لینا چاہتے ہیں۔ چوکیدار نے ہمارے اس سفید جھوٹ کو کالا سچ مان لیا اور اندر جانے کی اجازت دیدی۔ ہم نے اپنے

ساتھیوں سے کہا ہم ابھی خط لے کر آتے ہیں، انتظار کرو۔ اندر پہنچے تو بیگم کو ہارمونیم سنبھالے دیکھا، ان کی ناک کی کیل سارے کمرے میں روشنی کر رہی تھی، سلام کیا تو بڑے پھیار سے جواب دیا۔ ہم نے معذرت چاہی کہ ہم ان کے خیالات میں دخل انداز ہوئے۔ ہم نے کہا "ہم حیدرآباد سے ہیں اور آپ کو سننا چاہتے ہیں مگر ماسکو میں اشتہار بازی کم ہے لہذا ہم بروقت ٹکٹ نہ خرید سکے اگر آپ ہماری مدد کریں تو ہم تین ہندوستان اور ایک روسی اندر آسکتے ہیں اور کسی کونے میں بیٹھ کر آپ کو سن لیں گے۔" وہ مسکرائیں اور اپنی مترجم کو بلا کر کہا کہ بھئی یہ ہماری جان پہچان والی ہیں، ان کو اور ان کے ساتھیوں کو بلا لیجئے، وہ اسٹیج کے ایک طرف بیٹھ کر ہم کو سن لیں گے۔ پھر پوچھا کہ اچھا بتاؤ کس کو سنو گی؟ ہم نے کہا ایک غالب دوسرے فیض۔ اچھا ایک کلاسک اور ایک ترقی پسند۔ پھر مسکرا کر اپنی ڈائری سے دو غزلیں نکالیں۔

غالب کی غزل تھی:

ہر اک بات پہ کہتے ہو تم کہ تو کیا ہے
تمہیں کہو کہ یہ انداز گفتگو کیا ہے

اور فیض کی غزل تھی:

ویران ہے مئے کدہ، خم و ساغر اداس ہیں
تم کیا گئے کہ روٹھ گئے دن بہار کے

دونوں ہی چھوٹی بحر کی غزلیں تھیں اور اس کا خلاصہ روسی میں کرنا، مترجم کیلئے آسان تھا۔ بیگم اختر نے دو شخصیتوں کے بارے میں پوچھا ایک تھے شیخ داؤد اور دوسرے رؤف صاحب۔ جب پروگرام ختم ہوا تو انہوں نے ہم سب کو کہا کہ چلو سفارت خانہ چلتے ہیں، مزہ آئے گا۔ ہم سب ڈر گئے کہ اگر کسی نے ہمارے وہاں آنے پر سوال کیا تو کیا

جواب دیں گے ؟ یہ سن کر بیگم اختر ہنس پڑیں اور کہا کہ بھئی پڑوسن ہیں لکھنو اور حیدرآباد کے۔ غرض ساری رات بیگم اختر کی محفل چلی۔ انہوں نے وعدہ کیا تھا کہ اگر حیدرآباد آئیں گی تو ہم سے ضرور ملیں گی۔ ہم نے بھی کہا تھا کہ جیسے ہی ہم کو اطلاع ملے گی ہم آپ کی ہوٹل پر حاضر ہو جائیں گے۔

افسوس کہ ہو نہ سکا، بیگم اختر گجرات میں ایک پروگرام دیتے ہوئے اس دنیا سے چل بسیں۔ ان کے ریکارڈ جو ایچ ایم وی کمپنی نے بنائے تھے، بعد میں کیسٹ پھر، سی ڈی ان کی آواز کی حفاظت کر رہے ہیں۔

ہمارے ہندوستانی موسیقاروں میں اکثریت مسلم موسیقاروں کی ہے، ان سب میں، میں بڑا نام استاد علاؤالدین کا سمجھتی ہوں جو ہر ساز اسی مہارت سے بجا لیتے تھے جس مہارت سے کوئی بھی اس ساز کا ماہر بجاتا ہو۔ استاد علاؤالدین خاں تریپورہ کے رہنے والے تھے۔ وہ ۱۹۲۲ء میں مدھیہ پردیش کے چھوٹے سے گاؤں مہیر پہنچے جہاں سرسوتی کا مندر ہے اور آج بھی پوجا ہوتی ہے۔ ہندوستان میں چار مندر سرسوتی کے ہیں جو علم کی دیوی سمجھتی جاتی ہے۔ ایک آندھرا پردیش میں باسر، نظام آباد اور عادل آباد کی سرحد پر، دوسرا پشکر اجمیر میں جہاں پوجا نہیں ہوتی، تیسرا کشمیر میں جموں کے آگے۔ اس طرح مدھیہ پردیش میں دو مقام ہیں، ایک مہیر اور دوسرا پشکر۔

ہم کئی حضرات کی صدی منا رہے ہیں ہم کو چاہئے کہ ان سبھی کو صدی منائیں جنہوں نے موسیقی میں اپنا رول ادا کیا ہے۔ ہمارے موسیقار تو ایسے بھی ہیں جو صرف اور صرف موسیقی کیلئے زندہ ہے جیسا پنا لال گھوش (۱۹۱۱ء) میں جو آل انڈیا ریڈیو پر پروگرام کی ریکارڈنگ ختم کر کے خود بھی ختم ہو گئے۔

بڑے غلام علی خان جن کی آخری آرام گاہ حیدرآباد میں ہے، ہم انہیں مشکل سے

یاد کرتے ہیں۔ مجھے ان کی تاریخ وفات یاد ہے، ۲۳ اپریل ۱۹۶۵ء اور دائرہ میر مومن میں وہ دفن ہیں۔

The shining star of indian music world

***

۸

سوشل میڈیا کے سماج پر منفی اثرات

اسرار الحق قاسمی

یہ بڑی افسوسناک بات ہے کہ موجودہ دور میں معاشرتی سطح پر جو برائیاں پائی جارہی ہیں، ان میں مزید اضافہ ہوتا جارہا ہے۔

حالانکہ معاشرہ کو تباہ کرنے والی ان برائیوں کے خاتمہ کیلئے بڑے پیمانہ پر اصلاحی کوششیں بتدریج کم ہوتی جارہی ہیں اور ائیوں کی طرف اکسانے والی بہت سی نت نئ چیزیں وجود میں آرہی ہیں۔ یہاں وہ ذرائع اور اشیاء جن سے وسیع پیمانہ پر اصلاحی کام لئے جاسکتے تھے، ان کے ذریعہ بھی برائیوں کو پھیلانے کا کام کیا جارہا ہے، جیسے ذرائع ابلاغ سے جڑی ہوئی تمام چیزیں عوامی و سماجی اصلاح کیلئے بڑی معاون ثابت ہوسکتی ہیں، لیکن اب ان اہم چیزوں کو برائیاں پھیلانے میں استعمال کیا جارہا ہے۔

ذرائع ابلاغ میں اخبارات و رسائل، کتابیں، ریڈیو، ٹی وی، انٹرنیٹ وغیرہ ایسی چیزیں ہیں، جن سے اصلاحی کام موثر انداز سے لئے جاسکتے ہیں، جیسا کہ ٹی وی پر ایسی چیزوں کو نشر کیا جاتا، جو عوام الناس کی اچھی چیزوں کی طرف رہنمائی کرتیں، انہیں اچھے کاموں کی طرف بلاتیں، ان کی معلومات میں اضافہ کرتیں، انسانی و اخلاقی اقدار کی اہمیت بتاتیں، لیکن صورت حال برعکس ہے۔

ٹی وی پر ایسے فحش اور لغو پروگراموں کی بھرمار ہے جو سماج کو بگاڑ رہے ہیں۔ ایسے چینلوں کی کمی نہیں ہے جو نوجوانوں کو بے حیائی کے سمندر کی طرف دھکیلنے کا کام کر رہے ہیں۔ عریانیت و فحاشیت کے سیلاب کو لانے کا کام موجودہ دور کے ٹی وی چینل کر رہے ہیں۔ اگر ٹی وی چینلوں کو صرف اچھی اور مثبت باتوں کی نشر و اشاعت کیلئے استعمال کیا جاتا اور واہیات پروگراموں کے نشر کرنے کی اجازت نہ دی جاتی تو ٹی وی کے ذریعہ سماج میں جو پراگندگی پھیل رہی ہے وہ نہ پھیلتی۔ اسی طرح معاملہ ریڈیو کا بھی ہے، ریڈیو پر آج کل خبریں یا معلوماتی چیزیں کم اور گانے اور واہیات چیزیں زیادہ پیش کی جارہی ہیں جو سامعین کے ذہن کو متاثر کرنے کا کام کر رہی ہیں۔ اگر بات اخبارات ورسائل کی کی جائے تو یہاں بھی مایوسی نظر آتی ہے، کیونکہ زیادہ تر اخبارات ورسائل زیادہ کمانے کیلئے اب فحش مواد بیچنے سے بھی گریز نہیں کر رہے ہیں، اس معاملہ میں انگریزی اخبارات آگے آگے دکھائی دے رہے ہیں۔

کتابیں کسی بھی قوم کا اثاثہ ہوتی ہیں، قوموں کو آگے بڑھانے، ان کی ذہن سازی کرنے، ان کو تعمیری راہ پر لانے میں کتابیں اہم رول ادا کرتی رہی ہیں لیکن اب کتابوں کے موضوعات اور مواد کو بھی کمرشیلائزڈ کرنے کی کوشش کی جارہی ہے، اب زیادہ تر ایسی کتابیں اشاعت پذیر ہورہی ہیں جو پیشہ وارانہ چیزوں کو ابھارتی ہیں، پہلے اخلاقیات وغیرہ پر کافی کتابیں لکھی جاتی تھیں، مگر اب اس طرح کے موضوعات پر بہت کم کتابیں لکھی جارہی ہیں۔ حالانکہ آج اخلاقیات وروحانیت سے متعلق زیادہ لکھنے کی ضرورت ہے۔ یعنی وکتابیں جو سماج کی اصلاح اور نسل نو کے ذہن کو تعمیری رخ دینے میں معاون ثابت ہوسکتی ہیں، انہیں نئی نسل کے اذہان وقلوب کو پراگندہ کرنے کیلئے استعمال کیا جارہا ہے۔

اس تغیر کو انسانی ہلاکت کا پیش خیمہ نہیں کہا جائے گا تو کیا کہا جائے گا۔ موبائل اور

ٹیلی فون کی بات کریں تو یہ دور جدید کی ایک ایسی ایجاد ہے، جس نے یقیناً انسانی روابط کے دائرے کو وسعت دی ہے تاہم دوسری طرف اس کے ذریعہ سے سماج میں جو برائیاں در آئی ہیں وہ نہایت تشویشناک ہیں۔ اس میں کوئی شک نہیں کہ ٹی وی اور ریڈیو گذشتہ کئی دہائیوں سے سماج کو پراگندگی کی طرف لے جانے کی کوشش کررہے ہیں مگر چند برسوں کے اندر جو کام موبائل نے کر دکھایا وہ ٹی وی اور ریڈیو سے بھی زیادہ خطرناک ثابت ہوا۔ موبائل آج ہر گھر میں داخل ہو چکا ہے، ہر فرد تک اس کی پہنچ ہو چکی ہے، صرف مرد اور لڑکوں تک ہی نہیں، بلکہ عورتوں اور لڑکیوں تک بھی۔ جس کے بھلے ہی کچھ فوائد گنائے جاتے ہوں مگر سماجی سطح پر جو برائیاں اس کے ذریعہ سے عام ہوئی ہیں وہ ناقابل بیان ہیں۔ اجنبی مرد و خواتین، لڑکوں اور لڑکیوں کے درمیان معاشقوں کو پروان چڑھانے اور پھر انہیں ناجائز تعلقات تک لے جانے میں موبائل کا بڑے پیمانہ پر استعمال ہوا ہے۔

ایک اور چیز جو سماج کے تانے بانے کو منتشر کرنے میں کلیدی رول ادا کررہی ہے وہ انٹرنیٹ ہے، جی ہاں یہ انٹرنیٹ ہی ہے جس نے زمین کی وسعتوں کو سکیڑنے اور وسیع و عریض دنیا کو ایک قریہ کی شکل میں لانے کا کام کیا ہے۔ اگر اس کے ذریعہ اصلاحی کاموں کو انجام دینے کی کوشش کی جاتی اور برائیوں کو مٹانے کا کام کیا جاتا تو یقیناً اس کے بہتر نتائج بر آمد ہو سکتے تھے، لیکن یہ بڑے افسوس کی بات ہے کہ انٹرنیٹ جیسی چیز کو بھی برائیوں کیلئے بڑے پیمانے پر استعمال میں لایا جارہا ہے۔ اس میں کوئی شک نہیں کہ ویب سائٹ دنیا بڑی وسیع ہے، لیکن اس کا یہ مطلب نہیں کہ اس کا یہ مطلب نہیں کہ اس پر غلط مواد ڈالنے والوں کو گرفت میں نہیں لیا جاسکتا، وہ تمام ویب سائٹس جو لوگوں کے اذہان کو پراگندہ کرتی ہیں، ان کے خلاف کارروائی کی جاتی، ایسے لوگوں کو اس کی سزا دی جاتی اور قطعی طور پر ایسی ویب سائٹوں کو ممنوع قرار دیا جاتا، مگر افسوس اس تعلق سے

انٹرنیٹ کو بالکل آزاد چھوڑ دیا گیا ہے۔ آوارہ اور اوباش لوگوں نے اس موقع سے بھرپور فائدہ اٹھانا اور ناجائز طریقہ سے پیسہ بنانے والے افراد اور کمپنیوں نے منظم طور پر ایسا لفظی و تصویری مواد انٹرنیٹ پر ڈال دیا ہے جو عوام الناس کو صد فیصد بگاڑنے کا کام کرتا ہے۔

حد تو یہ ہے کہ انٹرنیٹ پر اب سوشل ویب سائٹوں کے نام سے سماج کو پراگندہ کرنے کی خطرناک مہم چھیڑی ہوئی ہے۔ فیس بک جیسی ویب سائٹس گھروں کے اندر داخل ہو کر مرد و خواتین اور لڑکوں و لڑکیوں کو آوارہ بنا رہی ہیں اور خاندان کے نظام کو تتر بتر کر رہی ہیں۔ اب لوگ فیس بک پر غیر عورتوں اور اسی طرح بہت سی عورتیں غیر مردوں کے ساتھ بات چیت کرنے میں دلچسپی لیتی ہوئی نظر آ رہی ہیں۔ اس صورتحال کے باعث میاں بیوی کے درمیان تعلقات خراب ہو رہے ہیں۔ بلکہ طلاق تک نوبت پہنچ رہی ہے۔ ایسی رپورٹیں منظر عام پر آئی ہیں، جن سے پتہ چلتا ہے کہ متعدد لوگوں نے اپنی بیویوں کو فیس بک پر دوسرے مردوں کے ساتھ تعلقات کے سبب طلاق دے دی، اسی طرح بعض عورتوں نے اپنے شوہروں کو فیس بک پر دوسری عورتوں سے بات کرتے ہوئے دیکھ کر ان سے طلاق لے لی۔ اس صورتحال نے موجودہ معاشرہ کو نہایت پیچیدہ صورتحال سے دوچار کر دیا ہے۔ ایسا لگتا ہے کہ اگر یہی صورتحال برقرار رہی تو خاندانی ڈھانچہ ہی تبدیل ہو کر رہ جائے گا اور طلاق کے واقعات کثرت سے پیش آئیں گے۔

افسوسناک بات یہ ہے کہ اس طرح کے واقعات مغربی دنیا میں ہی نہیں پیش آ رہے ہیں بلکہ مشرقی ممالک میں بھی سامنے آ رہے ہیں اور اس سے بھی زیادہ تشویش کی بات یہ ہے کہ مسلم سماج بھی سوشیل میڈیا کے منفی اثرات کی زد میں آتا جا رہا ہے۔ مسلمانوں کے وہ ممالک جو موجودہ دور میں اسلام کے عظیم ممالک شمار کئے جاتے ہیں، وہاں بھی

سوشیل میڈیا نے اپنی تباہی پھیلانی شروع کر دی ہے۔ مثلاً سعودی عرب میں فیس بک جیسی ویب سائٹوں کا استعمال وہاں کے لوگوں پر بڑا برا اثر ڈال رہا ہے اور سعودی عرب جیسے ملک میں بھی سوشیل میڈیا کی وجہ سے طلاق کے واقعات سامنے آ رہے ہیں۔

اگر گہرائی سے دیکھا جائے تو ہمارے معاشرہ کیلئے یہ ایک بڑا چیلنج ہے، بلکہ پورے انسانی سماج کیلئے تباہ کن صورتحال ہے۔ ایسے میں ہم سب پر یہ ذمہ داری عائد ہوتی ہے کہ سوشل میڈیا کی تباہ کاریوں سے عوام الناس کو واقف کرایا جائے اور انہیں اس بات پر آمادہ کرنے کی کوشش کی جائے کہ وہ سوشل میڈیا کے منفی استعمال سے گریز کریں۔ اس بات کی طرف بھی لوگوں کی رہنمائی کی جاسکتی ہے کہ وہ ان ذرائع کا استعمال اصلاحی امور کی انجام دہی کیلئے کریں، کیونکہ یہ بات ذہن نشین رکھنی بہت زیادہ ضروری ہے کہ موجودہ دور میں اصلاحی کوششوں کی شدید ضرورت ہے۔

آج جب کہ شیطانی وطاغوتی طاقتیں منظم انداز میں انسان کی معاشرتی زندگی پر حملہ آور ہو رہی ہیں اور خوبصورت و نت نئے انداز سے انہیں برباد کرنے کی متواتر کوششیں کر رہی ہیں تو سماج کے ذمہ دار طبقے اور افراد کی بایں معنی اور زیادہ ذمہ دار طبقے اور افراد کی بایں معنی اور زیادہ ذمہ داری بڑھ جاتی ہے کہ وہ نئی نسلوں کو شیطانی اثرات اور حربوں سے محفوظ رکھنے کیلئے ہر ممکن موثر جدوجہد کریں۔ اپنی نسلوں کو بالکل آزادانہ چھوڑیں۔ اگر انہیں آزاد چھوڑا گیا تو آنے والے چند برسوں میں مزید خطرناک نتائج سامنے آئیں گے۔

آج بہت سے لوگ سوشل میڈیا سے اس لئے جڑ رہے ہیں کہ انہیں اس میں کوئی قباحت نظر نہیں آتی، برائی کا پتہ اس وقت انہیں چلتا ہے، جب وہ اس میں ملوث ہو چکے ہوتے ہیں، اس وقت وہاں سے ان کی واپسی مشکل ہو جاتی ہے ایسے حالات میں اگر انہیں

پہلے ہی پوری جانکاری دے دی جائے تو یہ زیادہ بہتر ثابت ہو گا۔ بہر حال آج ہمیں نکتہ پر بھی کام کرنے کی ضرورت ہے کہ وہ تمام ذرائع اور اشیاء جن سے اصلاحی، اخلاقی و روحانی کام لئے جاسکتے ہیں ان سے اسی طرح کے کام لینے کی بھرپور سعی کی جائے۔ یہ وقت کی اہم ترین ضرورت ہے اور اسے کسی بھی صورت میں نظر انداز نہیں کیا جاسکتا۔

Negative effects of social media on society. - Essay : Asrar ul Haq Qasmi

***

۹

حجامہ CUPPING علاج بھی اور سنت بھی

ڈاکٹر محمد احسن فاروقی

انسان اگر احکام الٰہی اور سنت نبوی ﷺ کے مطابق زندگی نہ گذارے تو جسمانی طور پر اور روحانی طور پر بیمار ہو جاتا ہے۔ کیونکہ اس جسم انسانی کو اللہ نے بنایا اور اس کو بہتر طریقے سے استعمال کرنے کے طریقے بھی اللہ نے ہی بتائے۔ بیماری اللہ کی طرف سے آتی ہے۔ اور بیماری سے شفا بھی اللہ ہی دیتا ہے۔ حکیم 'معالج یا ڈاکٹر سبب کے طور پر علاج کرتے ہیں اور دوا دیتے ہیں۔ اور انسانوں کے سب سے بڑے اور شافع حکیم ہمارے رہبر اور ہادی برحق پیغمبر اسلام حضرت محمد مصطفی ﷺ ہیں جنہوں نے انسانی زندگی کے ہر پہلو سے ہمیں آگاہ کیا ہے۔ چنانچہ بیماریوں سے شفا کے لئے آپ کے ارشادات پر مبنی طب نبوی ﷺ ہے۔ اور اس سلسلے کی ایک کڑی حجامہ علاج ہے۔ جسے پچھنا لگانا کہتے ہیں۔ یہ ایک بہترین علاج بھی ہے اور سنت رسول ﷺ بھی ہے۔ اس علاج کی تفصیلات اور احادیث نبوی ﷺ سے اس کی تاکید ذیل میں بیان کی جارہی ہے۔

حجامہ یعنی پچھنے لگانا حضور اکرم ﷺ کی سنت سے ثابت ہے۔ اور ایک بہترین علاج ہے۔ رسول اللہ ﷺ نے خود پچھنے لگائے اور دوسروں کو ترغیب دی۔ الحجامہ یعنی پچھنے لگانا ایک قدیم طریقہ علاج ہے۔ جو بہت مفید ہے۔ یہ گرم اور سرد دونوں علاقوں

میں مفید ہے۔چین والوں نے اس علاج کی اہمیت جانی اور یہ اس ملک کا قومی علاج ہے۔اور سارے ملک میں یہ علاج مقبول ہے۔یہ عرب ملکوں کے علاوہ جنوب مشرقی ایشیائی ممالک میں بے حد مقبول ہے۔ حجامہ کی افادیت ہزاروں سال کی طب کی تاریخ سے واضح ہے۔ اس علاج کو دنیا کے بیشتر ممالک میں یکساں موزونیت اور افادیت کے ساتھ استعمال کیا جارہاہے۔ حجامہ امریکہ 'یورپ' آسٹریلیا' جرمنی اور جنوبی افریقہ میں بھی مقبول ہے۔ اور ہندوستان میں اس طریقہ علاج کو مقبولیت حاصل ہو رہی ہے۔ خلیجی ممالک میں رہ کر آنے والے خاص طور سے مقامات مقدسہ مکہ اور مدینہ میں لوگ وہاں اس علاج کی مقبولیت اور افادیت دیکھ کر ہندوستان میں اپنے رشتے داروں سے کہہ رہے ہیں کہ وہ بھی حجامہ کراتے رہیں۔ کیونکہ یہ علاج سنت نبوی ﷺ سے ثابت ہے۔اور جو علاج سنت رسول ﷺ سے ثابت ہے اس کی افادیت میں ایک مومن مسلمان کو کوئی شک ہی نہیں رہتا۔ جسم کی ۷۰٪ بیماریاں خون کی سربراہی میں رکاوٹ یا عدم سربراہی کی وجہہ سے ہوتی ہیں۔ ہماری غذائی عادات میں بد احتیاطی سے خون میں بہت س زہریلے مادے جمع ہونے لگتے ہیں۔ جو فاسد خون بناتے ہیں۔ یہی فاسد خون جسم میں کئی امراض کے سبب ہے۔ اور طب نبوی ﷺ کی روشنی میں جسم سے فاسد بے کار خون احادیث میں بتائے گئے مقامات جسم پر فسد لگا کر خارج کیا جاتا ہے۔ جس کی وجہہ سے جسم میں صاف خون گردش کرنے لگتاہے۔ اور بہت سے امراض سے شفاء ملتی ہے۔ الحجامہ یا پچھنا لگانے سے جسم کا دوران خون Blood Circulation بہتر ہوتا ہے۔اور اس علاج کے بعد ایسے اعضائے جسم تک بھی خون کی سربراہی ہونے لگتی ہے جہاں خون کی کمی سے مہلک امراض پیدا ہوتے ہیں۔

حجامہ کے بارے میں احادیث

حضرت ابن عباسؓ سے روایت ہے کہ حضور اکرم ﷺ نے ارشاد فرمایا "شفا تین چیزوں میں ہے۔ پچھنا لگوانے، شہد پینے اور آگ سے داغنے میں، اور میں اپنی امت کو آگ سے داغنے سے منع کرتا ہوں۔ (بخاری) آپ ﷺ کا ارشاد ہے کہ " بہترین علاج سے تم استعمال کرتے ہو وہ پچھنا لگانا ہے (بخاری :۱۷۵۳) حضرت ابن عباسؓ سے مروی ہے کہ آپ ﷺ نے ایک مرتبہ پچھنا لگوایا۔ اس حال میں کہ آپ ﷺ روزہ میں تھے (بخاری) حضرت ابن عباسؓ سے مروی ہے کہ آپ ﷺ نے حالت احرام میں پچھنا لگوایا (بخاری) آپ ﷺ نے ارشاد فرمایا کہ پچھنے سے علاج کرنے والا کیا ہی اچھا آدمی ہے کہ فاسد خون نکال دیتا ہے اور پشت کو ہلکا کر دیتا ہے۔ اور نظر کو تیز کر دیتا ہے"۔ ابن عباسؓ کا ارشاد ہے کہ معراج کی رات آپ ﷺ کا گذر فرشتوں کی جس جماعت پر بھی ہوا انہوں نے آپ ﷺ سے کہا کہ آپ پچھنے کو لازم پکڑ لیں۔ ایک اور حدیث میں آپ ﷺ کے ارشاد کا مفہوم ہے کہ آپ ﷺ سر مبارک پر اور دونوں کندھوں کے درمیان پچھنا لگایا کرتے تھے اور فرمایا جس شخص نے پچھنے کے ذریعے اپنا گندا خون نکلوا دیا تو اب اسے کوئی خدشہ نہیں اس بات سے کہ وہ کوئی بیماری کا علاج کرائے۔ حضرت ابو حریرہؓ حضور ﷺ کا ارشاد نقل کرتے ہیں جس کا مفہوم ہے کہ جو چاند کی ۱۷ تاریخ کو پچھنے لگوائے تو یہ پچھنے لگوانا ہر بیماری کے لئے شفا ہے۔ قمری مہینے کی ۱۷-۱۹-۲۱ تاریخ کو پچھنا لگانے کی روایت ہے۔ حضرت عبد اللہ بن عباسؓ روایت کرتے ہیں کہ رسول اللہ ﷺ نے فرمایا جس کا مفہوم ہے کہ "بہترین دن جن میں تم پچھنا لگاتے ہو وہ قمری مہینے کی سترھویں، انیسویں اور اکیسویں تاریخ کے دن ہیں۔

حجامہ سے کن امراض میں شفا ہے: الحجامہ یا پچھنا لگانے سے روز مرہ کے کئی امراض سے شفا ہے۔ خاص طور سے درد سر، ٹینشن کی وجہ سے ہونے والا درد، کندھوں کا

درد' گردوں کا درد' بلڈ پریشر' کمر کا درد' عرق النساء' ایڑھی کا درد' گھٹنوں کا درد' گردن کا درد' آدھے سر کا درد' فالج' رعشہ' بے خوابی' کیل مہاسے' یرقان' بد ہضمی' گردے کی پتھری' نامردی بانجھ پن' سفید کپڑا' فیل پا' ذیابطیس' موٹاپا' مایوسی' دمہ' الرجی اور ہر قسم کے درد میں اس سے شفا ہے۔ یہ علاج رعشہ Parkinson دور کرتا ہے۔ شوگر کے مرض میں مفید ہے۔ جلدی امراض سے شفا دلاتا ہے۔ دل کے امراض' بلڈ پریشر' پیروں کی سوجن' بے خوابی' جگر اور پتہ کے امراض' قبض' اسہال' آنتوں کی سوزش' زنانہ و مردانہ امراض' ENT کے امراض' نفسیاتی امراض؛ وزن میں ذیادتی اور سستی و کاہلی دور کرنے مختلف امراض سے شفاء دلاتا ہے۔ یہ ایک سنت طریقہ علاج ہے اور اللہ کے رسول ﷺ کے ارشادات پر عمل کرنے سے اللہ کے فضل سے شفاء یقینی ہے۔

حجامہ کے عام فوائد

حجامہ کا علاج خون صاف کرتا ہے۔ حرام مغز کو فعال بناتا ہے۔ شریانوں پر اچھا اثر ڈالتا ہے۔ رگ پٹھوں کے اکڑاؤ کو ختم کرتا ہے۔ دمہ اور پھیپھڑوں کے امراض اور امراض قلب انجائنا میں مفید ہے۔ سر درد' دانتوں کے درد میں مفید ہے۔ آنکھوں کی بیماریوں میں اس سے شفا ہے۔ عورتوں کی ماہواری کو باقاعدہ بناتا ہے۔ دل کے ضعف کو دور کرتا ہے۔ ذیادہ سونے اور سستی کو دور کرتا ہے۔ مواد بھرے زخموں کے لئے مفید ہے۔ جس جگہ درد ہو وہاں حجامہ کرانے سے آرام ملتا ہے۔ صحت یاب لوگ بھی دو تین مہینے میں ایک مرتبہ حجامہ کرا سکتے ہیں۔ کیونکہ یہ علاج حدیث سے ثابت ہے۔ اور اس سے بیماریوں سے بچاؤ ہوتا ہے۔ علاج کا کرنا طبیب کے ہاتھ میں ہوتا ہے اور شفاء اللہ کے ہاتھ میں ہے۔ اس لئے مریض اور طبیب دونوں اس علاج کو اللہ کی ذات پر کامل یقین اور سنت نبوی ﷺ سمجھ کر اختیار کریں گے تو اللہ کی ذات سے قوی امید ہے کہ حجامہ سے

کئی امراض سے ضرور مریضوں کو شفا ملے گی۔

حجامہ کا طریقہ کار

حجامہ کا علاج ماہرین کی نگرانی میں ہوتا ہے۔ یہ بھی ایک قسم کا طبی جراحی والا کام ہے۔ اس لئے اسے ہر کوئی نہیں انجام دیتا بلکہ ڈاکٹری پیشہ سے واقفیت رکھنے والے اور نرسنگ کے ماہرین ہی انجام دیتے ہیں۔ ایسا حجامہ جس میں خون نکلتا ہوں۔ اس کے لئے صاف ستھرے اسٹر لائز کئے ہوئے ساز و سامان استعمال کئے جاتے ہیں۔ قدیم طریقہ حجامہ میں کانچ کے گلاس استعمال ہوتے تھے۔ اور آگ استعمال کی جاتی تھی۔ آج کل حجامہ کے لئے پلاسٹک کے اسٹر لائز کئے ہوئے صاف کپ مختلف سائز کے چین سے منگائے جارہے ہیں۔ اور انہیں جسم پر بٹھانے کے لئے مخصوص خلائی دباؤ کی گن استعمال کی جارہی ہے۔ جہاں تک قدیم طریقہ حجامہ کا معاملہ ہے۔ اس میں جن مقامات پر حجامہ کرنا ہو اتنی تعداد میں کانچ کے صاف غیر مستعملہ نئے گلاس منگائے جاتے ہیں۔ ایک عدد میڈیکل بلیڈ اور اسپرٹ روئی اور ہاتھ میں پہننے کے دستانے حجامہ کے سامان میں شامل ہیں۔ حجامہ کا عمل صبح سویرے جب کے مریض کا معدہ خالی ہو کرنا بہتر ہے۔ ویسے کھانے کے چھ گھنٹے بعد یا مشروبات پینے کے ڈیڑھ گھنے بعد بھی حجامہ کیا جاسکتا ہے۔ حدیث میں بیان کردہ تاریخوں میں حجامہ کیا جائے تو زیادہ بہتر ہوگا۔ جس جگہ حجامہ کا عمل کرنا ہوتا ہے اس جگہ کو روئی اور اسپرٹ سے اچھی طرح صاف کیا جاتا ہے۔ اور ایک گلاس میں ٹشو پیپر جلا کر جسم کے اس حصے پر زور سے لگا دیا جاتا ہے۔ گلاس میں جلتا ہوا کاغذ آکسیجن کی تلاش میں جلد کی طرف دباؤ پیدا کرتا ہے۔ اور باہر سے آکیسجن نہ آنے کے سبب وہ جلد سے لگے حصے کو اندر کی جانب کھینچنا شروع کر دیتا ہے۔ آکسیجن کی عدم موجودگی سے گلاس میں خلا پیدا ہونا شروع ہو جاتا ہے۔ اور اس کے جگہ جسم کا حصہ کھنچ کر ابھرنے لگتا ہے۔ اور جسم کے

اس حصے سے فاسد خون گلاس کے دائرے کی شکل میں جلد کے نیچے جمع ہونے لگتا ہے۔ پانچ منٹ کے وقفے کے بعد جب گلاس کو جسم سے الگ کیا جاتا ہے تو دائرے کی شکل میں جلد سرخ و سیاہی مائل ہو جاتی ہے۔ اب صاف میڈیکل بلیڈ سے اس حصے پر خراشیں لگائی جاتی ہیں۔ اس میں یہ احتیاط کی جاتی ہے کہ زیادہ گہرائی تک یا رگوں یا نسوں کو نہیں کاٹا جاتا بلکہ جلد کی اوپر سطح پر ہلکی خراشیں لگائی جاتی ہیں۔ تا کہ اس حصے میں جمع فاسد خون باہر نکلنے لگے۔ دوسری مرتبہ فوری گلاس میں آگ لگا کر دوبارہ خراشوں کی جگہ پر گلاس لگا دیا جاتا ہے۔ اب کی بار خراشوں کی جگہ سے سیاہ گاڑھا فاسد خون نکلنے لگتا ہے۔ یہی وہ بے کار اور فاسد خون ہے جو جسم میں رکاوٹ پیدا کر کے درد پیدا کر رہا تھا اور مختلف امراض کا باعث بن رہا تھا۔ پانچ منٹ بعد احتیاط سے گلاس کو الگ کیا جاتا ہے۔ محفوظ طریقے سے گلاس کو ضائع کر دیا جاتا ہے۔ اسپرٹ اور روئی سے خراشوں کو صاف کر دیا جاتا ہے۔ اور چونکہ انسانی جسم میں زخم کو مندمل کرنے کی صلاحیت ہوتی ہے۔ اس لئے خون کا رساؤ رک جاتا ہے۔ حجامہ ایک وقت میں دو۔ تین یا اس سے ذائد مقامات پر کیا جاتا ہے۔ اب چین سے منگائے جانے والے پلاسٹک کے مختلف کپ استعمال ہونے لگے ہیں۔ اور آگ جلانے کی بھی ضرورت نہیں رہی ہے۔ کپ کو متعلقہ مقام پر رکھ کر کپ پر لگے ناب پر خلائی گن لگا کر کپ کے اندر کی آکسیجن کھینچ لی جاتی ہے۔ اور کپ پر لگے ربر کے واشر سے باہر کی ہوا کپ کے اندر نہیں جاتی اور کپ جسم پر مضبوط بیٹھ جاتا ہے۔ اور خون جمع کرنے کا خلا اور دباؤ پیدا ہو جاتا ہے۔ اور دوسری مرتبہ میں خراشیں لگا کر خون باہر نکال لیا جاتا ہے۔ حجامہ کے بعد مریض کو غسل کر لینا چاہیئے تا کہ جراثیم سے حفاظت ہو۔ حجامہ کی ایک قسم حجامہ مساج بھی ہے۔ جس میں خون نہیں نکالا جاتا بلکہ جسم کے درد والے حصے پر تیل لگا کر حجامہ کا کپ بٹھایا جاتا ہے اور خلا پیدا کر کے کپ کو آہستہ آہستہ جسم پر حرکت

دی جاتی ہے۔ جس سے جلد کا حصہ ابھر کر آگے بڑھتا ہے۔ اور مساج سے جسم کا دوران خون صحیح ہوتا ہے۔ مریضوں کے علاوہ عام آدمی بھی صحت کے حصول کے لئے اور چاق و چوبند رہنے اور جسم سے فاسد خون نکالنے کے لئے اور طلباء امتحان سے قبل اپنی ذہانت بڑھانے اور پڑھائی میں تیزی اور چستی لانے کے لئے تین مہینے میں ایک مرتبہ حجامہ کا عمل کرا سکتے ہیں۔

حجامہ کہاں ہو رہا ہے

حیدر آباد میں مختلف دواخانوں میں مسلم ڈاکٹرس اس سنت نبوی ﷺ والے علاج کو دوبارہ عام کر رہے ہیں۔ اور الحمدللہ اس علاج سے لوگوں کو کہنہ درد اور دیگر ذہنی و دماغی امراض اور مختلف قسم کے درد اور اوپر بیان کردہ امراض سے فائدہ ہو رہا ہے۔ یہ ایک ہلکا پھلکا فطری علاج ہے۔ اس میں کسی قسم کی دوا لینے یا پرہیز کرنے کی ضرورت نہیں۔ صرف علاج پر یقین ہو تو مریض کو انشاء اللہ ضرور شفا ہو گی اور سنت علاج کو زندہ کرنے کا ثواب بھی ملے گا۔ اس علاج کی تفصیلات کو مسلمانوں اور دیگر لوگوں میں عام کیا جائے۔ کیونکہ یہ ایک سنت علاج ہے۔

Hijama - a treatment and a sunnah. Essay: Dr. Mohammad Ahsan Farooqi

***

۱۰

تعلیم اور مسلمان: سچر کمیٹی رپورٹ کے تناظر میں

غفران ساجد

مطالبات سے زیادہ خود احتسابی کی ضرورت ہے

تعلیم کسی بھی قوم کے لیے ترقی کا اہم اور بنیادی ذریعہ ہوتا ہے، جو قومیں علم حاصل کرتی ہیں اور اس کی روشنی سے بھرپور فائدہ اٹھاتی ہیں وہی قومیں سائنس اور ٹیکنالوجی کے میدان میں ترقی کر کے دنیا پر حکمرانی کا خواب دیکھتی ہیں اور باقی دنیا کو اپنے پیچھے چلنے پر مجبور کرتی ہے، لیکن جو قومیں حصول علم میں کوتاہی برتتی ہیں، اور اس کی روشنی سے فائدہ اٹھانے میں ناکام رہتی ہیں اسے ترقی یافتہ قوموں کی غلامی کا طوق اپنے گردن میں ڈالنے پر مجبور ہونا پڑتا ہے۔ تعلیم اور مسلمان کا چولی دامن کا رشتہ رہا ہے، مسلمانوں کے نزدیک تعلیم کی اہمیت اس لیے بھی مسلّم ہے کہ مسلمانوں کے پیغمبر حضرت محمد صلی اللہ علیہ وسلم پر وحی کا آغاز ہی لفظ "اقراء" کے ذریعہ ہوا جس کے معنی ہی ہیں "پڑھو"۔ اتنا ہی نہیں بلکہ قرآن وحدیث میں جگہ جگہ حصول علم کی ترغیب دی گئی ہے، اور عالم وجاہل کے فرق کو بینا اور نابینا کے فرق سے سمجھایا گیا ہے، حدیث میں تو روزمرہ کی

ضروریات کے بقدر علم حاصل کرنا ہر مسلمان مرد وعورت پر فرض قرار دیا گیا ہے، کہیں حصول علم کی ترغیب دیتے ہوئے اللہ کے رسول صلی اللہ علیہ وسلم نے یہ ارشاد فرمایا کہ علم حاصل کرو ماں کے گود سے قبر میں جانے تک، اور کہیں یہ فرمایا کہ علم حاصل کرو چاہے اس کے لیے تمہیں چین کا سفر کرنا پڑے، قطع نظر احادیث کے صحیح اور ضعیف کے، اتنی بات تو طے ہے کہ بہر حال علم کی حیثیت اور اس کی اہمیت مسلّم ہے، اور اس کی اہمیت سے کوئی بھی باشعور انسان انکار نہیں کر سکتا۔

ایک طرف تو وہ قوم اور امت کہ اللہ نے جس کے پیغمبر کو سب سے پہلی وحی "پڑھنے" کے حکم کی شکل میں بھیجی، قرآن کریم میں جگہ جگہ علم کی اہمیت کو بیان کیا اس نبی کی امت پر ناخواندگی کا لیبل لگے، افسوس صد افسوس!

جی ہاں! ۲۰۰۴ء میں کانگریس جب ایک لمبے عرصہ کے بعد اقتدار میں واپس آئی تو اسے یہ خیال ہوا کہ جس قوم کے بل بوتے اس نے یہ اقتدار حاصل کیا ہے، ہندستان میں اس قوم کی تعلیمی، معاشی، اور سماجی صورت حال کیا ہے؟ ذرا اس کا جائزہ لیا جائے، اس نیک مقصد کے لیے منموہن حکومت نے جسٹس راجندر سچر کی سربراہی میں ایک کمیٹی تشکیل دی جس کا بنیادی مقصد تھا کہ پورے ملک کا تحقیقی سروے کر کے یہ اعداد و شمار حاصل کیے جائیں کہ ہندستان میں مسلمانوں کی اقتصادی، تعلیمی اور سماجی حیثیت کیا ہے؟

جسٹس راجندر سچر نے بڑی ایمانداری اور جانفشانی سے پورے ہندستان کا جائزہ لیا، انہوں نے اس جائزہ کے دوران مرکزی حکومت، ریاستی حکومت، اسی طرح مرکز اور ریاست کے ماتحت آنے والے تمام محکمے، سرکاری، نیم سرکاری اور پرائیوٹ تعلیمی اداروں نیز مدارس کا جائزہ لیا اور یہ ان جگہوں پر مسلمانوں کی تعداد کیا ہے اس کے

اعداد و شمار حاصل کیے ؟ ویسے تو یہ جائزہ مسلمانوں کی زندگی کے تمام شعبہ ہائے سے متعلق تھا، لیکن اس وقت مجھے صرف مسلمانوں کی تعلیمی صورت حال پر گفتگو کرنی ہے، کیوں کہ ہر طرح کی ترقی کا راز تعلیم میں ہی پنہاں ہے۔ جسٹس راجندر سچر نے اپنی یہ رپورٹ نومبر ۲۰۰۹ء میں حکومت ہند کو پیش کر دی، جس کو تقریباً ۷/ سال سے زیادہ کا عرصہ ہو چکا ہے۔

غور کرنے کا مقام ہے کہ جسٹس راجندر سچر نے اپنی جو رپورٹ پیش کی ہے اس رپورٹ میں بحیثیت مجموعی مسلمان اس ملک میں انتہائی پسماندہ ہیں، نہ تو معاشی طور پر مضبوط ہیں، اور نہ ہی سماجی طور پر دیگر قوموں کے مقابلہ میں اچھی پوزیشن میں ہیں، رہا مسئلہ تعلیم کا تو تعلیم کے علمبردار ہونے کے باوجود وہ اس میدان میں بھی پسماندہ ہیں۔ مسلمانوں کے تئیں عوام کا ایک عام رجحان یہ ہے کہ وہ بنیاد پرست ہیں اور قدامت پرست ہیں، اسی لیے یہ اپنے بچوں کو صرف اور صرف مذہبی تعلیم دیتے ہیں، لیکن سچر رپورٹ نے اس سوچ کی بھی قلعی کھول کر رکھ دی ہے کہ مسلمانوں کے صرف ۴/ فیصد بچے ہی مدارس میں تعلیم حاصل کرتے ہیں، یہ اعداد و شمار صرف عام لوگوں کے لیے ہی نہیں بلکہ خود مسلمانوں کے لیے کسی لمحۂ فکریہ سے کم نہیں ہے کہ صرف ۴/ فیصد بچے ہی مدارس میں تعلیم حاصل کر رہے ہیں جب کہ یہ اعداد و شمار تو کم و بیش ۵۰/ فیصد ہونے چاہئیں لیکن مسلمان اس میں بھی پیچھے ہیں، بقیہ ۶۶/ فیصد سرکاری اسکولوں میں جب کہ ۳۰/ فیصد پرائیویٹ اسکولوں میں ہیں۔

جناب سچر کی رپورٹ کے حوالہ سے جب ہم دیکھتے ہیں تو یہ اندازہ ہوتا ہے کہ اسکولوں، کالجوں اور یونیورسٹیوں میں بھی ہماری تعداد انگلیوں پر گنے جانے کے لائق ہے ۔ جہاں ہندستان کی مجموعی شرح خواندگی ۲۰۰۱ء کی مردم شماری کے مطابق ۶۵/ فیصد

ہے وہیں مسلمانوں میں یہ شرح ۵۹ / فیصد ہی ہے، جب کہ ہندو ۶۵ / فیصد، عیسائی ۸۰ / فیصد، سکھ ۶۹ / فیصد، بدھ ۷۲ / فیصد اور ۹۴ / فیصد کے ساتھ جین مذہب سب سے اوپر ہے۔ مسلمانوں میں مرد کی شرح خواندگی ۶۷ / فیصد اور عورت ۵۰ / فیصد ہے، جو کہ اوپر شمار کرائے گئے تمام مذاہب کے ماننے والوں میں سب سے کم ہے۔ آخر ایسا کیوں ؟ جس مذہب کی بنیاد ہی تعلیم و تعلم پر ہے، جس کے پیشوا کی سینکڑوں احادیث اور قرآن کی بے شمار آیات حصول علم کی تلقین سے پرُ ہے۔

آخر اس قوم کے متبعین میں شرح خواندگی کی یہ افسوسناک شرح کیوں ہے ؟ کیا اس سے یہ بات سمجھ میں نہیں آتی ہے کہ ہم اپنے مذہب اور مذہبی تعلیمات سے کتنے دور ہو چکے ہیں ؟ ذرا یاد کریں وہ وقت جب پوری دنیا پر ہمارے علم و تحقیق کا ڈنکا بجتا تھا، دنیائے سائنس اور طب کی بڑی بڑی ایجادات کا سہرا ہمارے محققین کے سر جاتا ہے، لیکن ہماری کوتاہی اور ہماری علم سے دوری نے ان ایجادات کا کریڈٹ ہم سے بڑے شاطرانہ انداز سے چھین کر اپنے سر لے لیا اور ہم کچھ نہ کر سکے۔

سچر کمیٹی کی رپورٹ ہمارے لیے سامان عبرت ہے، اسے صرف سیاسی ہتھکنڈہ نہیں بنانا چاہیے بلکہ ہمیں غور کرنے کی ضرورت ہے کہ آخر اس کا ذمہ دار کون ہے ؟ کیا صرف حکومت پر اس کی ذمہ داری ڈال دینا کافی ہو گیا ہمیں یہ بھی دیکھنا ہو گا کہ ہم اپنے لیے اور اپنی قوم کے لیے کتنے کارآمد ہیں ؟ اگر ہمیں اللہ نے اتنی سہولت دی ہے کہ ہم اپنے پڑوس کے پانچ بچوں کی تعلیم کا انتظام کر سکتے ہیں تو کیا ہم نے ایسا کیا؟

ذرا غور کریں کہ سچر کمیٹی کی رپورٹ کے مطابق مسلمانوں کے ۶۔۱۴ سال کی عمر کے تقریباً ۲۵ / فیصدی بچے ایسے ہیں جو یا تو کبھی اسکول گئے ہی نہیں یا گئے تو انہوں نے بیچ میں ہی تعلیم کو خیر آباد کہہ دیا، ہے کوئی صاحب استطاعت مسلمان جس نے کبھی

اپنے محلہ میں یہ جاننے کی کوشش کی ہو کہ اس کے محلہ میں کتنے ایسے بچے ہیں جو کبھی اسکول نہیں گئے یا جنھوں نے بیچ میں ہی اسکول چھوڑ دیا ہو؟ شاید ہی ہندستان کا کوئی ایسا گاؤں ہو جہاں اس طرح کے صاحب استطاعت لوگوں کی کمی ہو؟ ممکن ہے کچھ ایسے بھی مخیر حضرات ہوں ؟ یا کیا کبھی کسی غیر سرکاری تنظیم جو مسلمانوں کے لیے کام کرتی ہے اس نے کوئی انتظام کیا؟ اس سوال کا جواب سب جانتے ہیں۔

حکومت نے جسٹس راجندر سچر کو یہ ذمہ داری سونپی تھی کہ وہ ہندستانی مسلمانوں کی تعلیمی، معاشی اور سماجی صورت حال کا جائزہ لیں، انہوں نے نومبر ۲۰۰۶ء میں اپنی یہ رپورٹ یا یوں کہہ لیں کہ مسلمانوں کی زبوں حالی کا قرطاس ابیض حکومت کے سپرد کر دیا، جہاں تک میری معلومات کا تعلق ہے اور خبروں کی دنیا سے باخبر رہنے والا ہر شخص بخوبی جانتا ہے کہ اس رپورٹ کے آنے کے بعد مسلمانوں کا ہمدرد کہلانے والی بڑی بڑی تنظیموں نے بڑے بڑے اجلاس کیے، حکومت سے مطالبہ کیا کہ جسٹس سچر نے رپورٹ کے تناظر میں جو سفارشات پیش کی ہیں اس کو جلد از جلد نافذ کیا جائے، اس طرح مطالبے ہوتے رہے اور حکومت نے اپنی ایک مدت پوری کر لی، پھر حکومت اسی رپورٹ کو ساتھ لے کر دوبارہ انتخاب کے میدان میں اتری اور مسلمانوں کے سامنے یہ دہائی دی کہ دیکھئیے آپ کی زبوں حالی اور بدحالی کا پلندہ ہمارے سامنے ہے ہماری "مخلصانہ اور ایماندارانہ" کوشش ہے کہ ہم اسے نافذ کریں گے لیکن اس کے لیے آپ کو ہمیں ایک اور موقعہ دینا ہو گا، اگر ہمیں آپ نے موقع نہیں دیا تو یاد رکھیں پورا ملک گجرات بن جائے گا۔

بھلا مسلمان کیسے نہ اعتبار کرتا اور انہوں نے ایڑی چوٹی کا زور لگا کر دوبارہ اقتدار سونے کی تھالی میں سجا کر کانگریس کو پیش کر دیا، اب دوسری مدت بھی ختم ہونے

والی ہے، لیکن مسلمانوں کا کتنا بھلا ہوا یہ سب کو معلوم ہے ؟ ۲۰۱۴ء کا لوک سبھا الیکشن بس آیا ہی چاہتا ہے کہ اچانک سچر کمیٹی رپورٹ یعنی مسلمانوں کی بدحالی کا قرطاس ابیض کوردی کی ٹوکری سے پھر سے نکالا گیا اور ایک ایسے وقت میں جب کہ حکومت کو اور حکومت کے وزیر باتدبیر کو بھی اچھی طرح معلوم ہے کہ اب کچھ نہیں کر سکتے انہوں نے ایک بار پھر بدحال مسلمانوں کی قسمت کو جادوئی چھڑی سے سدھارنے کا اعلان داغ دیا، ہونا کیا تھا ایک بار پھر سے میڈیا کے ساتھ ساتھ مسلم تنظیموں کو بھی موقع مل گیا، اور حکومت بھی خوش ہوگئی کہ ہمیشہ کی طرح ایک بار پھر مسلمان ہمارے دام میں پھنس چکا ہے۔

اور اسی دوران اقلیتی امور کے وزیر باتدبیر جناب کے۔ رحمان خان صاحب نے مسلمانوں کے لیے ایک خوش نما اعلان کیا کہ حکومت ہندستان میں اقلیتوں کے لیے پانچ یونیورسٹیاں قائم کرے گی، اب ان سے کون پوچھے کہ پہلے سے جو ادارہ اقلیتوں کا ہے وزیر صاحب! پہلے اس کا تو اقلیتی کردار بحال کر دیں، پھر آپ یہ پانچ یونیورسٹیاں قائم کریں، ایک سوال کے جواب میں وزیر موصوف نے کہا کہ کیا اگر الیکشن آنے والے ہیں تو ہم کوئی کام ہی نہ کریں، تو ان کا جواب یہ بھی ہے کہ اقلیتوں کی حالت زار کا علم ہوئے تقریباً سات سال کا عرصہ گذر چکا ہے، ان سات سالوں میں آپ نے اعلانات کے سوا کچھ کیا بھی ہے ؟

جب کہ ان کا دعویٰ ہے کہ سچر کمیٹی کی ۷۳ / سفارشات میں سے تقریبا ۶۰ / سے زیادہ سفارشات کا نفاذ ہو چکا ہے، تو اب یہ ایک بڑا سوال ہے کہ ان سفارشات کا نفاذ کب اور کیسے ہوا؟ جس طرح حکومت اپنے چار سالہ کارکردگی کی رپورٹ کارڈ جاری کرتی ہے تو وزارت اقلیتی امور کو بھی چاہیے کہ وہ سچر کمیٹی کی رپورٹ کی سفارشات پر علاحدہ

رپورٹ کارڈ جاری کریں تا کہ مسلمانوں کو بھی پتہ چلے کہ حکومت نے ان کے لیے کیا کیا کارہائے نمایاں انجام دیے ہیں اور انہیں ان کا فائدہ کیسے ملے گا؟

جہاں تک جناب کے۔ رحمان خان صاحب کے ذریعہ اقلیتوں کے لیے ۵/ یونیورسٹیوں کے قیام کا اعلان ہے، تو اگر واقعی حکومت اس میں مخلص ہے تو صحیح معنوں میں یہ بڑا خوش آئند قدم ہو گا لیکن ماہرین قانون کا ماننا ہے کہ دستور میں اس طرح کی یونیورسٹیوں کے قیام کی اجازت نہیں ہے اور اگر ایسا ہوتا ہے تو یہ معاملہ سپریم کورٹ میں جا کر اٹک جائے گا جو کہ کانگریس کے لیے سودمند ہی ثابت ہو گا کیوں کہ اس صورت میں ایک بار پھر وہ انہی زیر التوا معاملوں کی بنیاد پر اقلیتی ووٹ حاصل کرنے میں کامیاب ہو جائے گی۔

بہر کیف! اگر یونیورسٹیاں قائم ہوتی ہیں اور وہ خاص مسلمانوں کے لیے ہوتی ہیں تو اس سے فائدہ ہو گا کیوں کہ اس وقت مسلم گریجویٹ کا تناسب قومی سطح پر صرف ۳،۶ فیصد ہے اور تکنیکی گریجویٹ کا تناسب تو بالکل ہی کم ہے یعنی اعشاریہ ۴ فیصد ہے، اسی طرح منیجمینٹ کے اعلیٰ اداروں میں یہ تناسب صرف اور صرف ۱،۳ فیصد ہے۔ تو اگر قومی سطح پر پانچ یونیورسٹیاں قائم ہوتی ہیں تو مسلمانوں کو اپنی شرح خواندگی بڑھانے میں یقیناً کچھ نہ کچھ فائدہ ہو گا۔

جسٹس راجندر سچر کمیٹی کی رپورٹ کو محض ایک رپورٹ سمجھنا ہماری کوتاہ علمی ہو گی بلکہ اسے سامان عبرت سمجھنا ہو گا، اور اس کے تناظر میں ہمیں اپنا محاسبہ کرنا ہو گا، میں ان حضرات سے معذرت کے ساتھ کہ جو صرف اور صرف اپنی زبوں حالی کا ذمہ دار حکومت کو ٹھہراتے ہیں، میں اس کے لیے صرف اور صرف اپنی قوم اور اپنی قوم کے رہبر کو ذمہ دار سمجھتا ہوں، ہندوستان میں سب سے زیادہ شرح خواندگی جین مذہب میں

پائی جاتی ہے، ۹۴ / فیصد ان کی شرح خواندگی ہے تو کیا یہ حکومت کی دین ہے؟

نہیں ؟ ہرگز نہیں !بلکہ یہ ان کی بیداری ہے، اسی طرح کے ہندوستان کے بعض صوبوں میں شرح خواندگی قومی اوسط سے کہیں زیادہ ہے تو کیا ان سب کے پیچھے حکومت کی کرم فرمائی ہے ؟اگر ہے تو اس کی کیا وجہ ہے ؟ اسے جاننے کی کبھی کوشش کی ہے ہمارے رہنماؤں نے ؟

نہیں !صرف اجلاس طلب کر لینے ، میمورنڈم پیش کر دینے اور اخباری بیان بازی سے اس قوم کی حالت سدھرنے والی نہیں ہے، بلکہ اس کے لیے اپنے اندر بیداری لانی ہو گی، بہار کے حضرت مولانا محمد ولی رحمانی نے کیا حکومت کے تعاون سے رحمانی۔ ۳۰ کی بنیاد ڈالی ہے ؟

ذرا غور کریں کہ رحمانی۔ ۳۰ کے طلبہ آج کس مقام پر ہیں؟ آج ضرورت ہے کہ ہر صوبے نہیں بلکہ ہر ضلع میں ایک ولی رحمانی پیدا ہو جو قوم کے مستقبل کو اونچی تعلیم اور بلند فکر دے سکے، حکومت کے سامنے ہاتھ پھیلانے سے بہتر ہے کہ ہر وہ شخص جو اپنے ایک بچہ کی تعلیم کے اخراجات برداشت کرنے کے قابل ہے وہ اپنے پڑوس کے ایک بچہ کا بھی تعلیمی خرچ برداشت کرے، اسی طرح جس شخص کو اللہ نے استطاعت دی ہے وہ ہر محلہ اور گاؤں میں ایسے مکاتب اور اسکول کے قیام کی کوشش کرے کہ جہاں قوم وملت کے مستقبل کو سنوارا جا سکے۔

ضروری نہیں کہ تنہا اس کام کو انجام دے بلکہ اپنی زیادہ سے زیادہ شراکت ادا کر کے قوم کے دیگر مخلص اور کارآمد لوگوں کو بھی ساتھ لے اور اجتماعی طور پر یہ کام کرے، اگر ہر شخص اپنے پڑوس، محلہ اور گاؤں کی فکر کر لے تو انشاء اللہ وہ دن دور نہیں کہ اس ملک کا ہر مسلمان تعلیم یافتہ ہو گا، ہر گھر سے علم کی روشنی پھوٹے گی جو اپنے ساتھ

بہت سارے گھروں کو منور کر دے گی۔ انشاءاللہ!
بس ضرورت ہے عزم و حوصلہ کی اور اخلاص وللّٰہیت کی۔

Education and Muslims - in context of Sachar committee report. Essay: Ghufran Sajid

* * *

۱۱

الیکٹرانک میڈیا کا زہر

صابر رضا شمسی

ابھی چند دنوں پہلے اخبار کی شہ سُرخیوں میں شامل ایک خبر نے میری توجہ اپنی جانب کھینچ لی۔ مفہوم یہ تھا کہ ایک ساتھی لڑکے (طالب علم) نے اپنے ساتھ پڑھنے والی دوسری ساتھی لڑکی کی کچھ قابلِ اعتراض تصویریں اپنے جدید ترین سہولیات سے مزیّن موبائل سے کھینچ کر من مانی اور بلیک میلنگ کرنے کی کوشش کی اور بعد میں موافق جواب نہ ملنے کی صورت میں اسے ایم ایم ایس (MMS) اور انٹرنیٹ کے ذریعہ عام کر دیا۔

آج ہمارا ملک دنیا کے ترقی یافتہ ملکوں کی فہرست میں سرِ فہرست ہے۔ دنیا بھر میں ہونے والی نئی ایجادات اور دریافتوں کی ترسیل یہاں گھنٹوں اور منٹوں میں ہو جاتی ہے۔ مگر دوسرے مغربی ممالک کی تہذیب اور کلچر، لائف اسٹائل سے قطعی الگ ہے ہمارے جینے کا انداز۔ آج بھی ہم بزرگوں کا اسی طرح احترام کرتے ہیں جس طرح کل کرتے تھے۔ اخلاقی قدریں آج بھی قائم ہیں اور بلا تفریقِ مذہب و ملّت ہماری خواتین کسی حد تک زیورِ شرم و حیا سے آج بھی آراستہ ہیں۔

مشرقی حسن شرم و حیا کی چادر کی مرہونِ منّت ہے۔ ہماری خواتین بہ حیثیت چراغِ

خانہ زیادہ اچھی لگتی ہیں۔ اُن کا شمعِ محفل ہونا ہمیں نہیں بھاتا۔ ہم باپ بھائیوں کی رگوں میں آج بھی غیرت و حمیت لہو بن کر دوڑتی ہیں۔

ترقی یافتہ ہونے اور نئی ایجادات سے استفادہ کرنے سے ہمیں اعتراض نہیں ہے مگر ہم حدِ اعتدال سے آگے بڑھنے کو اچھا نہیں سمجھتے۔

آج ہندوستان میں انٹرنیٹ سے مزیّن موبائل فون جس میں ڈیجیٹل اور ویڈیو کیمرے بھی موجود ہیں بہت عام ہو چکے ہیں۔ یہ موبائل فون کیا ہیں بلکہ انہیں ایک منی کمپیوٹر (Mini computer) سمجھ لیا جائے۔ ان موبائل کیمروں کی وجہ سے اس وقت دنیا کی تمام فحش ویب سائٹس پر تیسری (مغربی) دنیا کے لڑکوں اور لڑکیوں کی جنسی حرکات کی فلمیں موبائل کلپس (Mobile Clips) کے نام سے دستیاب ہیں۔ یہ اور ایسی دوسری فحش فلمیں سی ڈیز (CDs) کی صورت میں گلی گلی میں فروخت ہو رہی ہیں۔ یہ موبائل کلپس ایم ایم ایس کے ذریعہ ایک موبائل فون سے دوسرے موبائل فون پر، اور پھر کم و بیش ہر اُس موبائل فون پر جس میں بلوٹوتھ (Blue Tooth) کی سہولت ہو بھیجے جاسکتے ہیں۔

آج موبائل فون وقت کی ضرورت ہے۔ ہندوستان بھر میں ہر گاؤں، شہر اور قصبے میں موبائل فون کی سہولت موجود ہے۔ اور جب سے یہ سہولت عام اور سستی ہوئی ہے، خط و کتابت تو دور لینڈ فون کا رواج بھی اُٹھتا جا رہا ہے۔ اب خطوط صرف آفیشیل (Official) ہی لکھے جاتے ہیں۔ اور اگر ان کی ہارڈ کاپی (Hard copy) کی بہت سخت ضرورت نہ رہی تو وہ ای میل میں بھیج دیئے جاتے ہیں۔

ہم نے مانا کہ زمانہ تیز رفتار ہو گیا ہے، قیامت کی چال چل رہا ہے اور اگر ہم نے اپنی رفتار نہ بڑھائی تو ہم پیچھے رہ جائیں گے۔ موبائل اور کمپیوٹر اس عہد کی دو جدید ترین اور

روز مرّہ میں استعمال ہونے والی ایجادات ہیں اور ٹی وی تو تقریباً ہر گھر میں موجود ہے جس پر چوبیس گھنٹے سینکڑوں چینلس (Channels) آتے ہیں۔ ہزاروں کی تعداد میں فلمیں، خبریں اور سیریلوں کے چینلس موجود ہیں۔ لوگ باگ اپنی اپنی پسند کے مطابق ان چینلوں کا انتخاب کر کے دیکھتے اور الگ الگ انداز سے لطف اندوز ہوتے ہیں۔ مگر یہ کیا کہ خبریں جو ڈرائنگ روم میں رکھے ٹیلی ویژن پر تمام اہلِ خانہ کے ساتھ بیٹھ کر سُنتے اور دیکھتے ہیں، ان میں بھی اشتہار کے نام پر ننگی تصویریں اور حدِ ابتزال سے آگے کی چیزیں بھی ہمیں اپنے بچے بچیوں، بھائی بہنوں اور والدین کے ساتھ دیکھنے پر مجبور ہونا پڑتا ہے۔ ہم چاہ کر بھی بوس و کنار،... بالجبر اور جنسی اختلاط کی ترغیب دلانے والی ان خبروں سے دامن نہیں بچا پاتے جو ٹی وی رپوٹر چٹخارے لے لے کر، مرچ مسالہ لگا کر گھنٹوں بیان کرتے ہیں۔

پہلے تو کچھ صاف ستھرے سیریلس آتے تھے اور لوگ باگ انہیں بڑے اہتمام سے اپنے بچوں یا فیملی ممبرس کے ساتھ بیٹھ کر دیکھتے تھے۔ مگر اب تو ہر دم یہ دھڑکا لگا رہتا ہے کہ پتہ نہیں کب ہیرو ہیروئن شرمناک حرکتیں کرنے لگیں یا کب ویلن ہیروئن کے ساتھ زیادتی پر آمادہ ہو جائے گا۔ یہ تو ڈائرکٹر کے موڈ پر منحصر ہے کہ کب اس کا جی کیا چاہ جائے اور ناظرین کو وہی مناظر دیکھنے پر مجبور رہنا ہے جو وہ دکھانا چاہے گا۔ ایسا کیوں ہے؟

کسی کا بڑا پیارا شعر ہے کہ۔

لوگ ہمیں کو کہتے ہیں کہ رکھ نیچی نظر اپنی
اُنہیں کوئی نہیں کہتا، نہ نکلو یوں عیاں ہو کر

مغربی بنگال کے مشہور شاعر اور ادیب منور رانا جن کی شہرت ملک اور بیرون ملک تک جا پہنچی ہے، کے کسی کتاب میں پڑھا ہوا ایک واقعہ اس وقت آپ کو سُناتا ہوں، مزہ

دے جائے گا۔ جملے من و عن نہیں ہیں مگر ان کا مفہوم یہ ہے کہ ایک بار انہوں نے اپنے والد محترم سے ایک فلم "مغلِ اعظم" دیکھنے جانے کی اجازت چاہی تھی اور تب سے اب تک جب جب پُروائی ہوائیں چلتی ہیں انہیں مغلِ اعظم یاد آجاتا ہے (یعنی اس وقت ابّا حضور کی پٹائی سے ہونے والا درد اب بھی اُبھر آتا ہے۔)

ایک وہ زمانہ تھا کہ مغل اعظم جیسی فلموں کے لئے بھی بزرگو کی پھٹکار سننی پڑتی تھی، ایک یہ زمانہ ہے کہ جب نہ بھی چاہو تو "منی بدنام ہوئی، ڈارلنگ تیرے لئے" جھنڈو بام (Zandu Balm) کے پرچار میں سننی پڑے گی، وہ بھی نیوز چینلس (News Channels) پر!

مغرب کی طرح ہمارا میڈیا جیسا چاہتا ہے فحش اشتہارات دکھاتا اور چھاپتا ہے۔ نیشنل چینل دوردرشن پر مانع حمل اشیاء اور دواؤں کے اشتہارات بڑے اہتمام سے دکھائے جاتے ہیں۔

ہندوستانی فلمیں کسی زمانے میں بیرونِ ملک بھی مشرقی اقدار کی سربلندی اور سرفرازی کے لئے مشہور ہوا کرتی تھیں۔ مجھے یاد ہے کہ ایک بار کسی فلم میں دلیپ کمار (یوسف خان) نے کمر ہلا کر ٹھمکا لگایا تھا اور مرد ایکٹر کے اس ایک ٹھمکے نے ہندوستان بھر کو ہلا دیا تھا۔

اب تو ہماری ترقی کا یہ عالم ہے کہ سلمان خان "بگ باس" (Big Boss) کی میزبانی کرنا اپنی شان سمجھتے ہیں۔ ناظرین ابھی "بگ باس" کی بے ہودگیاں بھولے نہیں ہوں گے۔ انہیں کئی بار چینل بدلتے ہوئے اپنے گھر والوں سے نظریں چرانی پڑی ہوں گی۔

پولیس ریکارڈ میں اور آف دی ریکارڈ (Off the Records) میں جرائم کی شرح

میں جس قدر اضافہ ہوا ہے ان میں سب سے زیادہ ہونے والے جرم کے تار کہیں نہ کہیں جا کر جنسیات سے ضرور جڑ جاتی ہیں۔

مجھے فخر ہے اپنے ہندوستانی ہونے پر، مشرقی ہونے پر اور پسماندہ ہونے پر بھی کہ ہم آج بھی اخلاقی قدروں کی پامالی سے کسی حد تک بچے ہوئے ہیں۔ محترم مولانا محمد قاسم علوی صاحب نے ابھی پچھلے دنوں کسی کا ایک شعر سنایا تھا کہ۔

وہ اندھیرا ہی بھلا تھا جب قدم راہ پر تھے
روشنی لائی ہے منزل سے بہت دور ہمیں

آف دی ریکارڈس (Off the records) جیسے الفاظ کیوں استعمال کرنے پڑے؟ مشرق میں شاید سو میں سے ایک عورت بلکہ ہزار میں سے ایک عورت ہی اپنے اوپر ہونے والے جنسی ظلم کو باہر جا کر بتاتی ہے، جس کی زندہ مثال میرا تھن فاتح سنیتا گو دارا ہیں۔

جنسی تشدّد کرنے والے کہتے ہیں کہ ہمیں اُکسایا گیا ہے۔ کس نے اُکسایا ہے انہیں؟ فحش موبائل کلپس؟ انٹرنیٹ پر فحاشی بھرے سائٹس (Porn Sites) اور جنسی جرائم کے طرف راغب کرنے والی X-rated فلموں نے یا پرنٹ میڈیا کے ان اشتہارات نے جو جنسی اختلاط کا وقفہ بڑھانے کی دعوت دیتی ہیں؟ کون ذمّہ دار ہے اس جنسی کجروی اور سیلاب کا؟

ان سب کے ذریعہ جو اخلاقی انارکی (Anarchy) کا آتش فشاں اُبل رہا ہے، اس پر روک کس طرح لگایا جائے؟

ہمارے یہاں انٹرنیٹ نظام پر کسی قسم کا کوئی فلٹر (Filter) کیوں نہیں ہے؟ فحش سائٹس کو ناقابلِ رسائی بنانے کا یا Block کرنے کا کوئی معقول نظام کیوں نہیں ہے؟

جنسی اختلاط سے بھری x-rated فلموں اور بچوں کو جنسی فلموں (-Paedo philian) پر سنسر (Censor) کی قینچی کیوں نہیں چلتی؟ یہ سارے مناظر ذہن و دل کو پراگندہ کرتے ہیں اور جنسی نا آسودگی اور کج روی جب راہ نہیں پاتیں تو رستہ بدل لیتی ہیں اور یہ نوجوان نسل، آسودگی کے متلاشی کچے اذہان غیر فطری عمل کے شکار ہوتے ہیں یا پھر سماج میں ایسے جرائم سامنے آتے ہیں کہ جن کو سُن کر اور دیکھ کر کلیجہ دہل جاتا ہے۔ کمسن بچوں اور بچیوں کے ساتھ زیادتی اور ان کا قتل یہ سب میڈیا کے ذریعہ پھیلائی ہوئی ذہنی نا آسودگی کا شاخسانہ ہیں۔

ضرورت ہے ہمیں وقت رہتے قدغن لگانے کی اور حکومت، اہلِ خرد اور اربابِ حل و عقد کی توجہ اس جانب کرانے کی کہ وہ ان کے لئے پارلیمنٹ میں کوئی بل پاس کریں، کوئی قانون بنائیں اور پہلے سے بنے ہوئے قانون کی سختی سے نافذ کریں۔

ہماری صحافت اور ہمارا میڈیا صحت مند معاشرے کی تشکیل کرے جیسا کہ وہ پہلے سے کرتا رہا ہے اور اس فحاشی کے اُمنڈتے سیلاب پر روک لگائے کیوں کہ یہ اس کا اوّلین فریضہ بھی ہے اور انسانیت کا تقاضہ بھی۔ اور اگر ایسا نہیں ہوا تو ہم اخلاقی زوال کی کھائی میں گر جائیں گے۔

The poison of electronic media

***

۱۲

کنفیوژن اور اس کا علاج

محمد الیاس

موجودہ وقت کے بیشتر مسائل میں سے ایک بڑا اور اہم مسئلہ کنفیوژن بھی ہے۔ کنفیوژن کو فکر و خیال کے الجھاؤ سے تعبیر کر سکتے ہیں۔ ایک ایسی صورت حال کا نام کنفیوژن ہے جس میں درست اور غیر درست، حقیقت اور فسانے کی تمیز اٹھ جاتی ہے۔ جس کے نتیجہ میں خلط مبحث اور کشمکش پیدا ہوتی ہے۔ کنفیوژن کئی بار اس لیے بھی پیدا ہوتا ہے کہ ہم اشیاء کو ان کی حقیقی صورت میں نہیں دیکھ پاتے، ان کی تہہ تک اتر کر نہیں دیکھتے، جبکہ کئی، بلکہ ہزاروں اشیاء ایسی بھی ہوتی ہیں کہ ان کی حقیقت تک پہونچنا ہمارے بس کا روگ ہی نہیں ہوتا۔ اور اسی لیے ہم کو یہ دعا سکھلائی گئی :

'اے اللہ! مجھے چیزوں کو ان کے حقیقی روپ میں دیکھنے کی توفیق عطا فرما'۔

کنفیوژن ایک بلا بھی ہے اور بیماری بھی، تاہم یہ بلا کم ہے اور بیماری زیادہ اور بیماری بھی ایسی کہ اس کا علاج جھولا چھاپ ڈاکٹروں کے پاس تو کجا گولڈ مڈل ڈاکٹروں کے پاس بھی نہیں۔ دنیا میں تقریباً اسّی فیصد لوگ اس بیماری میں مبتلا ہیں، کچھ کم ہیں اور کچھ نسبتاً زیادہ، جو زیادہ ہوتے ہیں وہ پاگل ہو جاتے ہیں اور جو ذرا کم ہوتے ہیں وہ تھالی کے بیگن کے مثل بن جاتے ہیں۔ ان کی اپنی کوئی رائے ہوتی ہے اور نہ کوئی عندیہ، وہ کوئی بھی بات

کامل اعتماد اور یقین کے ساتھ نہیں کہہ سکتے، یہاں تک کہ جنگ اور امن کے بارے میں بھی۔ اگر اس بارے میں بھی ان کی رائے لی جائے تو وہ پس و پیش میں مبتلا ہو جائیں گے، ایک بار جنگ کو ترجیح دیں گے اور انسانی تاریخ میں پیش آنے والی بڑی بڑی جنگوں اور بقائے اصلح [Survival of the fittest] کے حوالے دیں گے۔ اور کہیں گے کہ جنگیں ہوتی رہی ہیں۔ ہماری اس دنیا میں جتنے بھی بڑے بڑے جنگجو گزرے ہیں ان میں سے اکثر کا خیال یہی تھا کہ جنگ ضروری ہے وہ اس کو دفاعی یا وقتی چیز نہیں گردانتے تھے، وہ اس کو انسانی زندگی کے ساتھ اسی طرح وابستہ سمجھتے تھے جس طرح رگِ حیات کے ساتھ سانسیں وابستہ ہوتی ہیں۔ جبکہ دوسری بار امن کو ترجیح دیں گے اور انسانی جان کے احترام اور تعمیر و ترقی کے حوالے سے بات کریں گے کہ جنگ کے ماحول میں ترقی کی رفتار دھیمی پڑ جاتی ہے اور تحقیق و تدوین کا کام گویا رک سا جاتا ہے۔

جو پاگل ہو جاتے ہیں انہیں اللہ کا قانون بھی معاف کر دیتا ہے اور دنیا کا قانون بھی، البتہ جو نیم پاگل ہوتے ہیں، جو تعداد میں بہت زیادہ بھی ہوتے ہیں انہیں نہ تو اللہ کا قانون معاف کرتا ہے اور نہ دنیا کا، یہاں تک کہ وہ خود اپنے احساس کی عدالت میں بھی خود کو بے گناہ ثابت نہیں کر پاتے اور یہی وہ لوگ ہیں جو ہمارے اولین مخاطب ہیں۔

حدیث شریف میں آتا ہے کہ آدمی کا دل اللہ تبارک و تعالیٰ کی دو انگلیوں کے درمیان ہے وہ اس کو جس طرح چاہتا ہے گردش دیتا رہتا ہے۔ ایسا نہیں ہے کہ واقعی اللہ کے ہاتھ اور انگلیاں ہیں اور وہ ان کے ذریعہ سے دل پر گرفت رکھتا ہے تاہم ایسا ضرور ہے کہ دلوں کی تقلیب اسی کنفیوژن کے ذریعہ راہِ عمل پاتی ہے۔ قلب کو قلب اسی لے کہا جاتا ہے کہ وہ ہر لحظہ بدلتا رہتا ہے۔ اس تبدیلی سے مراد دل کی جسمانی اور ہیئتی تبدیلی نہیں ہے بلکہ فکری و نظریاتی تبدیلی ہے، خیالات و رجحانات کے سمندر میں جو مد و جزر

پیدا ہوتا رہتا ہے وہی دل کی تبدیلی سے مراد ہوتا ہے۔ اللہ نے کنفیوژن یعنی 'شک' کی بیماری انسان کے ساتھ لگادی ہے اور یہی شک ہے جو انسان کے دل و دماغ کو الٹ پلٹ کرتا رہتا ہے۔ کنفیوژن یا شک کو عربی زبان میں 'ریب' کہتے ہیں۔ یہ کتنی مہلک چیز ہے اس کا اندازہ اس سے لگایا جاسکتا ہے کہ اللہ تبارک و تعالیٰ نے اپنی کتاب ہدایت کے آغاز ہی میں انسان کو اس بات کی ہدایت کرنا ضروری سمجھا، فرمایا:

[البقرہ-۱]

کہ اس کتاب کے بارے میں شک میں مبتلا مت ہو جانا۔ کیونکہ اس کے کلام للہ ہونے پر شک کے ساتھ یہ کتاب کچھ بھی نفع نہیں دے سکے گی باوجود اس کے کہ یہ واقعتا خدائی کلام ہے اور اس کو پختہ دلیلوں سے مزین کیا گیا ہے۔

بہت زیادہ سادہ درجے کے شک کو بھی کنفیوژن نہیں کہہ سکتے، جب شک اپنی انتہائی حدوں کو چھونے لگتا ہے اور کسی بات، عمل یا فکر و خیال کو لے کر تعبیراتی الجھاؤ پیدا ہو جاتا ہے اور گومگو کی کیفیت اپنی تمام تر جلوہ سامانیوں کے ساتھ تخلیق پاتی ہے تو کنفیوژن کی صورت گری ہوتی ہے۔

شک کے بالمقابل یقین آتا ہے، اگر شک بیماری ہے تو یقین اس کا علاج، وہ جتنی خطرناک بیماری ہے یہ اس کا اسی قدر شافی و کافی علاج ہے۔ ہر وہ آدمی جو اپنی زندگی میں کامیابی سے ہمکنار ہونا چاہتا ہے اس کو چاہئے کہ شک کو رفع کرے اور یقین کو پختہ کرے۔ شک دور کرنے کا ایک علاج علم حاصل کرنا اور جانکاری پیدا کرنا بھی ہے۔ جب بھی کسی مسئلے کو لے کر شک پیدا ہو تو آدمی کو چاہئے کہ وہ اس کے متعلق پوری جانکاری حاصل کرے۔ اور جانکاری اور علم سے بڑھ کر جو چیز ہے وہ ہے یقین، ایک مسلمان کے لیے اللہ کی ذات پر کامل درجہ کا یقین کنفیوژن کا شافی و کافی علاج ہے۔ صحیح کہا علامہ نے:

گماں آباد ہستی میں یقیں مردِ مسلماں کا
بیاباں کی شبِ تاریک میں قندیل رہبانی

علم کے آفاق وانفس میں وہ وسعت و گیرائی نہیں جو یقین کے ظاہر و باطن میں پائی جاتی ہے۔ علم نے تو انسان کو آج تک یہی بتایا اور سمجھایا ہے کہ آگ جلاتی ہے اور پانی ٹھنڈک پہونچاتا ہے۔ یہ طاقت و کیفیت تو صرف یقین ہی کے اندر پائی جاتی ہے کہ وہ کسی کو تجربات کے خلاف سوچنے اور کرنے پر آمادہ کردے تا ہے۔ کوئی وجہ نہیں کہ مذکورہ سیاق میں آگ کا تذکرہ آئے اور ابراہیم خلیل اللہ کے مثالی واقعہ کی طرف ذہن منتقل نہ ہو۔

علم کے ساتھ یہ بات لگی ہوئی ہے کہ اس کی تھاہ انسان کے ہاتھ نہیں آتی، نہ اب تک آئی ہے اور نہ ہی آئندہ کبھی آنے کی کوئی توقع ہے۔ علم اعلی درجے کی تحقیق چاہتا ہے اور تحقیق میں یہ بات مسلم ہے کہ یہاں کوئی بات بھی حرف آخر قرار نہیں دی جاسکتی سوائے بعض بدیہی چیزوں کے۔ اس لیے علم بھی شک کا حتمی علاج نہیں ہو سکتا۔ علم و تحقیق کے صدہا دفاتر، منطقی اور کلامی مباحث کے بے شمار ذخائر، صدیوں پر محیط فلسفیوں کی موشگافیاں، علماء وفقہا کی لن ترانیاں بھی کبھی کبھار بلکہ اکثر اوقات کنفیوژن کو رفع کرنے میں ناکام رہتی ہےں اور ضعفِ یقین کی بیماری کے لیے شافی و کافی علاج نہیں ہو پاتیں۔ دیکھیے خاص اس باب میں علامہ اقبال چھٹی صدی ہجری کے مشہور محقق، بلند پایہ فلسفی اور مفسر قرآن ابو عبداللہ فخر الدین رازی کے فلسفیانہ اور دقیق علمی مباحث اور ان کی عظیم علمی خدمات کے بارے میں کیا رائے رکھتے ہیں۔ کہتے ہیں:

علاجِ ضعفِ یقیں اِن سے ہو نہیں سکتا
غریب اگرچہ ہیں رازی کے نکتہ ہائے دقیق

یہ شعر علامہ کی جس نظم سے لیا گیا ہے وہ حکیم سنائیؒ کے مزار پر حاضری کے موقع پر کہی گئی تھی، اس پوری نظم میں اور بطور خاص اس شعر میں علامہ نے عشق کا مقابلہ عقل سے کیا ہے یا دوسرے الفاظ میں حکیم سنائیؒ کی خدمات کا مقابلہ امام رازیؒ کی خدمات سے کیا ہے۔ اور بتایا ہے کہ عشق جس طرح انسانی زندگی کی رہنمائی کر سکتا ہے عقل اس طرح رہنمائی نہیں کر سکتی۔ عقل اپنی ہزارہا خوبیوں کے باوجود بہت ساری جگہوں پر بے دست و پا ثابت ہوتی ہے، بطور خاص الٰہیات کے باب میں خاص ان مقامات پر جہاں از اول تا آخر عشق ہی کی کارفرمائی ہوتی ہے۔

اس پس منظر میں اکبر الہٰ آبادی کا درج ذیل شعر بھی خوب ہے:

صدیوں فلاسفہ کی چناں و چنیں رہی
لیکن خدا کی بات جہاں تھی وہیں رہی

علم صدیوں کی تلاش و جستجو کے بعد تھک ہار کر وہیں اگر سر جھکا دیتا ہے جہاں یقین پہلے ہی سے سجدہ ریز ہوتا ہے۔

کنفیوژن کسی سادہ سی بات، معمولی سے واقعہ یا کسی چھوٹی سی خطا پر بھی پیدا ہو سکتا ہے۔ اس کے لیے کوئی ضروری نہیں کہ بگ بینگ [Big Bang] جیسا کوئی غیر معمولی حادثہ ہو یا پھر کوئی ہمالیائی غلطی۔ شک کا پیدا ہونا کوئی ایسا برا نہیں تاہم اس کا قائم رہنا اور دل و دماغ میں جم جانا بطور خاص الٰہیات کے باب میں یقینی طور سے برا ہے۔ انسان کے سارے اعمال اکارت ہو جاتے ہیں یہاں تک کہ بعض اوقات وہ دین و ایمان سے بھی ہاتھ دھو بیٹھتا ہے۔

کنفیوژن جب آتا ہے تو اپنے ساتھ تناؤ [Stress] بھی لاتا ہے اور یہ وہ بیماری ہے جو دنیا کے بیشتر انسانوں کو لاحق ہے، ایک عام آدمی جس شخص کو جتنا زیادہ خوشحال اور

فارغ البال سمجھتا ہے، اس کو ایک کامیاب فرد کے طور پر جانتا اور مانتا ہے، اس کی عیش و عشرت کی زندگی اور عزت و شہرت کی طرف کبھی کبھار حسرت بھری نگاہ سے دیکھتا ہے اور جب وہ یہ معلوم کرلیتا ہے کہ وہی شخص اس بیماری کا سب سے بڑا شکار بھی ہے۔ تو اس کو یقین ہو جاتا ہے کہ کنفیوژن کا علاج پیسہ اور دوا نہیں، اس کا علاج یقین ہے یقینِ کامل اور بس!!

Confusion and Treatment

***

۱۳

یہ سب باقی ہیں تو باقی نہیں ہے

مکرم نیاز

اس واقعے کے راوی راقم الحروف کے والد محترم ہیں۔ سقوط حیدرآباد کے بعد علاقے کے مشہور ہائی اسکول کا منیجمنٹ بھی تبدیل ہوا اور اگلے سال جب ۱۵ اگست کا دن آیا تو "یوم آزادی ہند" کی تقریب میں پرچم کشائی کے لیے کرتا پاجامہ شیروانی جیسے مخصوص حیدرآبادی یونیفارم میں ملبوس سارے طلبا کو اسمبلی ہال میں جمع کیا گیا اور پرنسپل نے اعلان کیا کہ پرچم کشائی کے بعد قومی ترانہ ہند پڑھا جائے گا اور تمام طلبا پرچم کو سلام کریں گے۔ پرنسپل کے اعلان کے فوری بعد دینیات کے استاذ مولوی کمال الدین اٹھ کھڑے ہوئے اور پرنسپل کے سامنے مائک پر جا کر اپنی بلند آہنگ آواز میں کہا:

"مسلمان طلبا پرچم کو سلام کرنے سے مستثنیٰ ہیں"

وہ محض ایک آواز نہیں تھی اور نہ عالمی یا ملکی سطح کی کوئی نام ور دینی علمی سماجی شخصیت تھی بلکہ وہ ایک متقی پرہیز گار، باکردار اور شریعت کے پابند ایک معمر مسلمان کا مضبوط اور پررعب لہجہ تھا کہ جس کے آگے غیر مسلم پرنسپل کو بھی تائید میں سر ہلانے کے کچھ اور نہ سوجھا۔

زائد از نصف صدی بعد آج جب ہم "وندے ماترم" کے مسئلے پر اپنے والد محترم

سے دریافت کرتے ہیں کہ "اتنے سارے ہنگامے اٹھانے کے بجائے کوئی ایک ایسی آواز سارے ملک میں کیوں نہیں گونجتی کہ مسلمان اس سے مستثنیٰ ہیں؟ اور اس آواز کی تائید میں سارے برادران وطن خاموشی سے سر ہلا دیں؟"

تو جواب ملتا ہے کہ اس کا جواب تم خود اپنے آپ سے پوچھو۔

پچاس سال قبل کی کیا بات کی جائے۔ ابھی دس پندرہ سال پہلے کے اور آج کے معاشرے میں ڈیجیٹل انفارمیشن ٹکنالوجی اور ڈش انٹینا کلچر کا جو انقلاب ہم دیکھ رہے ہیں، اس سے کچھ نہ کچھ تو نگاہوں کے سامنے ضرور واضح ہو رہا ہے۔ زہد و تقویٰ تو زرا دور کی بات ہے، ایک عام مسلمان کو مخلوط معاشرے میں بقا کے لیے جس رہنمائی کی ضرورت لاحق ہے اس فریضہ کا حق ادا کرنے کے لیے دانشورانِ امت کے کتنے نام ہمیں یاد ہیں؟ جس طبقے سے ہر سادہ لوح و سادہ دل مسلمان کی امیدیں وابستہ تھیں، اس نے دانشوری کے نام پر وہ وہ گل کھلائے ہیں کہ الامان الحفیظ۔ اختلاف الرائے کے نام پر اس نے فریق مخالف کو دائرہ اسلام سے باہر کر دینے میں بھی کوئی کسر نہیں چھوڑی ہے۔

شاید یہی سبب ہو کہ نام ور قلم کار اور سماجی مصلح علیم خان فلکی اپنے ایک مضمون میں رقم طراز ہیں۔

"سارے مذاہب و مسالک اس بات پر متفق ہیں کہ حقوق العباد اور کردار اسلام کی ریڑھ کی ہڈی ہیں۔ کاش ایسا ہوتا کہ کوئی جماعت "جماعت امانت دار" کہلاتی اور کوئی جماعت "اہل سچ" کہلاتی۔ کسی جماعت کے ارکان کی پہچان ایماندار تاجروں سے ہوتی تو کوئی "اہل تقویٰ" ہوتی۔ امانت یا عہد کی پابندی کا ذکر ہوتا تو لوگ کہتے کہ فلاں جماعت اس وصف کی حامل ہے۔ آج ایسا کہیں بھی سننے میں نہیں آتا کہ فلاں عقیدے کے لوگ عورتوں پر کبھی ظلم نہیں کرتے یا فلاں جماعت کے لوگ بالکل غیبت نہیں کرتے اور

انصاف قائم کرنے میں مثالی ہیں۔ اوصاف حمیدہ، حقوق العباد یا کردار آج کسی جماعت کا تشخص نہیں رہا بلکہ اکثریت کا تشخص فقہی، صوفی، سلفی، شدتی، دہشتی، نیم دینی، نیم سیاسی بن گیا ہے۔ اپنے اپنے طریقۂ واردات کو اجاگر کرنے کے لیے مسجدوں کے مخصوص ٹائیٹل کے ساتھ ساتھ لوگوں نے پسندیدہ مخصوص نعرے بھی منتخب کر لیے ہیں جیسے۔ "توحید"، "دعوتِ حق"، "دین کی محبت"، "اقامتِ دین"، "سپاہ علی"، "سپاہ صحابہ"، "سپاہ اولیا"، غلامانِ فلاں اور غلامانِ فدائیان وغیرہ۔ مولویوں اور ملاؤں نے عوام کی غفلت، جہالت اور اندھی عقیدت کا بھرپور فائدہ اٹھایا۔ اپنے اپنے مزاج پر دین کا اسٹامپ لگایا اور اپنے اطراف جم غفیر جمع کرنے کے لیے، اسلام کو قائم کیے جانے والے موضوعات کو نظر انداز کر کے ایسے موضوعات پر علمی موشگافیاں کرنے لگے جن سے زیادہ سے زیادہ انتشار پیدا ہو سکتا ہے۔

دوسروں پر انگلی اٹھانے سے زرا پہلے اگر ہر فرد خود ہی اپنے گریبان میں جھانک لے کہ سلف الصالحین کی تعلیمات کی نشر و اشاعت، تبلیغ و عمل کا دعویٰ کرنے والوں نے گزشتہ دو دہائیوں کے دوران آخر کون سا قابل تحسین کارنامہ انجام دیا ہے کہ امت میں اتحاد کا جذبہ پیدا ہوا ہو یا پھر وہ قرآن و سنت کی حقیقی تعلیمات کی سمت واپس لوٹ آئی ہو؟ تقلید و پیشوائیت کا جو شکوہ غیروں سے عموماً کیا جاتا ہے، کیا اس فہرست میں ہر مسلک کے اسمائے گرامی نمایاں نظر نہیں آتے؟

انفارمیشن ٹکنالوجی کے عروج اور سوشل نیٹ ورکنگ کے پھیلاؤ نے غالباً ہمارے رہنماؤں کی سوچ و سمجھ کو معطل کر کے رکھ دیا ہے۔ اپنی سیٹ کو بچانے یا اپنی روزی روٹی کے خیال سے دانشوری کی ایک ایسی نئی تعریف متعین کی گئی ہے جس کے تانے بانے یا تو عصر حاضر کے سیاست دانوں سے جا ملتے ہیں یا پھر انھی مقلد مذہبی پیشوائیان سے جن کو

ہمہ دم جوتی کی نوک پر رکھا جانا ضروری متصور کیا جاتا رہا ہے۔

فروعی مسائل ہوں یا تقابل مسالک کا معاملہ یا اپنے مسلک یا طبقہ کی شناخت۔ ان کا یکسر انکار ممکن نہیں مگر سوال یہ ہے کہ دین میں "ترجیحات" کا کیا مقام و مرتبہ ہے؟ جب ہر جانب یہ دیکھا جا رہا ہے کہ امت اور معاشرے میں مسلسل تنزلی، انتشار و افتراق ہے اور اس امت بچاری نے اتحاد و اتفاق کی آس میں دگرگوں حالت بنا رکھی ہے، اس کے ازالے کے لیے اس طبقے کے پاس، وہ کون سی راہ عمل ہے جو دیگر طبقات سے مابہ الامتیاز مانی جائے؟

کچھ انٹرنیٹ کے حوالے سے ہی گفتگو ہو جائے کہ ہماری معلومات کے مطابق نوجوان طبقہ اس میدان کا کچھ زیادہ ہی اسیر ہے۔ زرا یوٹیوب سرچ کر کے دیکھ لیتے ہیں۔ بتایا جاتا ہے کہ کوئی ایسا مناظرہ نہیں جہاں فلاں فلاں جماعت کے علماء نے ناکامی کا منہ دیکھا ہو۔ کوئی ایسا مکالمہ موجود نہیں جہاں نامی گرامی مقلد یا غیر مقلد ہستیوں کو شکست فاش نہ دی گئی ہو۔ ایک صاحب نے کبھی کہا تھا کہ عربی میں تو بہت تھیں اب اردو میں بھی ایسی ویب سائیٹس کی باڑھ نکل آئی ہے، جن کا بصد اصرار دعویٰ ہے کہ وہ دین اسلام کی حقیقی خدمت کے لیے سامنے آئے ہیں اور حق کی تعلیمات عوام الناس تک پہنچانا چاہتے ہیں مگر اصلاً ہو یہی رہا ہے کہ جن تعلیماتِ اسلامی کی آج امت کو ضرورت ہے، اس کے بجائے تقابل مسالک اور اختلافی موضوعات پر منحصر کتب کا ایک جم غفیر سادہ لوح عوام کے سامنے پیش کیا جا رہا ہے۔

ہمیں صاحب موصوف کی اس بات سے لاکھ اختلاف سہی مگر اس کڑوی حقیقت کا اظہار شاید اس معمولی واقعے سے بھی ہو جو راقم الحروف کے علم میں آیا تھا۔ ہمارے ایک دوست نے تقابل مسالک پر مبنی کتب کا تازہ بہ تازہ مطالعہ شروع کیا تھا۔ تبلیغی جماعت کے

خلاف تحریر کردہ ایک مشہور کتاب کے مطالعے سے جب وہ فارغ ہوئے تو انہیں ایسا لگا جیسے اب تک تو وہ علماء کی "اصل کارگزاریوں" سے ناواقف تھے اور اب انھیں صحیح معنوں میں مقام و درجے کا علم ہوا ہے۔ لہذا جب اپنے کزن کے ہاں تھانوی ترجمہ قرآن دیکھا اور شروع کے چند صفحات پر تعویذ سے متعلق تفصیلات بھی لکھی دیکھیں تو پہلا کام یہ کیا کہ وہ کاغذات پھاڑ ڈالے اور بھائی و بھاوج کو سامنے بٹھا کر مترجم قرآن کی "علمی حیثیت" پر جو زبان درازی شروع کی تو پھر مسلمانی کے نچلے درجے تک بے چارے مترجم علیہ الرحمۃ کو گھسیٹتے چلے گئے۔ کوئی تو ان سے پوچھتا کہ کیا انہیں کشف ہوا تھا کہ ترجمہ قرآن میں متذکرہ اوراق مترجم نے بصد اصرار خود پبلشر سے کہہ کر شامل کرائے تھے؟ آخر ایک مسلمان کی دوسرے مسلمان سے حسن ظن کی تلقین دین میں کی گئی ہے کہ نہیں؟ اور وہ جو خطبہ حجۃ الوداع میں "مسلمان مسلمان کا بھائی ہے"، "ایک دوسرے کے ساتھ حسن سلوک، ایک دوسرے کی جان و مال اور عزت کا احترام" جیسے احکامات بیان ہوئے ہیں کیا وہ غیروں کے لیے ہیں؟ نتیجہ تو ظاہر ہے کہ وہی نکلا کہ آج ان کی بات سننا تو دور کا معاملہ، ان کے کزن کے گھر کے دروازے ہی جناب موصوف پر بند ہیں۔

دراصل ہوا یہ ہے کہ جب انفارمیشن ٹکنالوجی کا جادو چل گیا اور عام آدمی کے ہاتھ معلومات کا ایسا جادوئی چراغ آ گیا کہ انگلی کی ایک زرا سی جنبش پر وکی پیڈیا [wikipedia] اور گوگل [google] کے جن نے اس کے سامنے اچھی بری صحیح غلط تحقیق کے انبار لگانے شروع کر دیئے تب شاید رہ نما طبقے کو احساس ہوا کہ یہ بوتل سے نکلا جن تو انہیں لے ڈوبے گا اور عوام اب چھوٹی چھوٹی باتوں کے لیے نہ ان کے پاس آئیں گے اور نہ انہیں خاطر میں لائیں گے۔ گو کہ یہ تصور ہی غلط تھا اور اگر عوام ایسا قدم اٹھاتے تو وہ بھی غلط ہوتا کیوں کہ کسی "لائیبریری" میں اور ایک عالم دین میں بہر حال زمین

آسمان کا فرق ہے۔ لیکن کیا کیا جائے دانشوری کی اس بیچ کو جس نے اچھے اچھوں کو زمینی صورت احوال کا اندازہ لگائے بغیر گدلے سمندر میں ڈبکی لگانے پر مجبور کر دیا ہے۔

لہذا دانشوری کی ایک نئی تعریف یہ ایجاد کی گئی کہ اپنے طبقے کی بقا کے لیے ضروری ہے کہ سلف الصالحین کی تعلیمات کی تحریک ورجحان کو علاحدہ وانفرادی مسلک کے طور پر اور اپنے تفوق اور برتری کے ثبوت میں دیگر مسالک سے اپنے اختلافات کو سنگین سے سنگین تر بنا کر پیش کیا جائے اور اس کے لیے ڈھونڈ ڈھونڈ کر ایسے تحقیقی مقالے سامنے لائے گئے کہ اگر آدمی فلاں فلاں لیبل نہ لگائے تو گویا وہ مومن و متبع نہیں۔ عجیب بات تو یہ ہے کہ تقلید کے خلاف ہزاروں لاکھوں صفحات سیاہ کیے گئے ہیں مگر جب بات خود پر آئی اور پوچھا گیا کہ کہاں ہادی مکرم (صلی اللہ علیہ وسلم) نے "لیبل" کی تاکید کی تھی اور کہاں آپ (صلی اللہ علیہ وسلم) نے تقویٰ کا معیار عمل کے بجائے "مسلکی شناخت" کو قرار دیا ہے تو جھٹ سے ثبوت میں احادیث صحیحہ کے بجائے اقوال رجال پیش کر دیئے گئے اور اجماع کا دعویٰ ٹھونک دیا گیا۔ ایک زمانے میں ایک خاص جماعت کے متعلق سنا اور پڑھا جاتا تھا کہ اس کے اعلیٰ حضرت نے اپنے معتقدین کو دانستہ یا نادانستہ شخصیت پرستی اور غلوِ عقیدت میں اس قدر مبتلا کر دیا ہے کہ ان بے چاروں کی سوچنے سمجھنے کی صلاحیت سلب ہو گئی ہے۔ کیا بعینہ یہی صورت احوال بلا تفریق مذہب و مسلک آج کی تمام جماعتوں میں محسوس نہیں کی جا رہی؟

حافظ صلاح الدین یوسف حفظہ اللہ نے مولانا مودودی علیہ الرحمۃ کی مشہور زمانہ متنازع کتاب کے خلاف تحریر کردہ اپنی تحقیقی کتاب میں ایک چشم کشا واقعہ ایک مقام پر کچھ یوں لکھا تھا کہ ایک دفعہ دور دراز سے ایک حکیم صاحب مولانا مودودی سے ملاقات کے لیے آئے اور کہا کہ: آپ کی کتاب "خلافت و ملوکیت" پڑھنے کا جو اثر مجھ پر ہوا ہے وہ

یہ ہے کہ میں نے اب معاویہ (رضی اللہ عنہ) کو "رضی اللہ عنہ" کہنا چھوڑ دیا ہے۔

حافظ صاحب نے برسوں پہلے یہ قصہ سنایا تھا، ہم بصد احترام و خلوص مودبانہ طور سے ان سے عرض کرنا چاہیں گے کہ حضور! جماعت اسلامی کے عظیم رہ نما کی وہ عظیم غلطی تھی مگر آپ بھی زرا چند لمحے فرصت کے نکالیے، انٹرنیٹ کی سیر کیجیے اور دیکھیے کہ خود آپ ہی کے اپنے طبقے نے سیکڑوں بلکہ ہزارہا کتب یا تراجم کتب کے ذریعے آج کی نوجوان نسل کی کس طرح ذہنی آب یاری کر رکھی ہے کہ بقول علیم خان فلکی کے "انا الحق کے نشے میں چور، اپنے علم اور عقیدے پر مغرور ضدی، ہٹ دھرم اور شدت پسند مولویوں نے دین کی اپنی خود ساختہ تعبیر اختیار کی اور ان معصوم، کم عقل، کم پڑھے لکھے اور جذباتی لوگوں کو ورغلایا اور ان کے ذہن میں یہ بات راسخ کر کے چھوڑی کہ جو بھی عالم دین ان کے مسلک سے اتفاق نہ کرے، ان پر نہ صرف تنقید کی جاسکتی ہے بلکہ ان پر لعن طعن کرتے ہوئے انہیں نشانۂ ملامت بھی بنایا جاسکتا ہے۔"""

اسی کا نتیجہ یہ ہے کہ بے شمار سادہ دل لوگ بالخصوص نوجوان انھی شدت پسند مولویوں کا شکار ہو گئے ہیں۔ ان بے چاروں کو نہ عربی آتی ہے، نہ سلیقے کی اردو اور جو قرآن و حدیث بھی بمشکل پڑھ سکتے ہیں۔ اگر پڑھتے بھی ہیں تو کبھی اس کا ترجمہ نہیں پڑھتے۔ یا پھر ترجمہ پڑھتے ہیں تو احکامات کی اصل حکمت و تقاضوں کو سمجھنے سے قاصر ہوتے ہیں۔ انھوں نے خطبہ حجۃ الوداع بھی کئی بار پڑھا ہو گا لیکن اس کا نفاذ کب، کیسے، کہاں اور کس پر ہوتا ہے، انھوں نے یہ کبھی نہیں سوچا ہو گا، چوں کہ یہ جذبۂ ایمانی سے سرشار ہوتے ہیں لہذا تنگ نظر متعصب ملاؤں کی صحبت میں چند مخصوص آیات، احادیث، قصے کہانیاں اور غیر منطقی دلائل رٹ لیتے ہیں اور اسلام کی اصل تعلیمات کی تبلیغ کرنے کے بجائے اپنے مسلک اور اپنے علما کے سیلز مین یا ایڈوکیٹ بن کر ان کی تشہیر

کرنے نکل جاتے ہیں۔ اب آگے چل کر ان کی جسارت کی انتہا یہ ہوتی ہے کہ امام ابو حنیفہ (رحمۃ اللہ علیہ) یا امام شافعی (رحمۃ اللہ علیہ) نے فلاں جگہ غلطی کی ہے اور امام احمد بن حنبل (رحمۃ اللہ علیہ) یا امام مالک (رحمۃ اللہ علیہ) نے فلاں جگہ غلطی کی ہے کہہ دینے میں ذرا بھی نہیں جھجھکتے۔ ان الفاظ کو ادا کرتے ہوئے ان عظیم علماء کے خلاف "بغض و عناد" علانیہ محسوس کیا جا سکتا ہے۔

یہاں صحابہ کرام (رضی اللہ عنہم اجمعین) اور علمائے عظام کا تقابل مقصود نہیں بلکہ اس سوال کو اجاگر کرنا مقصد ہے کہ سلف الصالحین کی تعلیمات کی ترویج و فروغ کی آڑ میں امت کو قرآن و سنت کی طرف واپس بلایا جا رہا ہے یا انتشار بین المسلمین کی راہ ہموار کی جا رہی ہے؟

ہم انفارمیشن ٹکنالوجی سے استفادہ کے قائل ہیں اور سمجھتے ہیں کہ آج سوشل نیٹ ورکنگ کے ذریعے اپنے نظریاتی مخالفین سے ڈائیلاگ یعنی مکالمہ نہایت ضروری امر ہے۔ لیکن خدارا اپنی خود ساختہ دانشوری کو ایک طرف رکھ کر وہ اصول تو اپنائیے جس کے متعلق فرمان نبوی ہے کہ """حسن الخلق أثقل فی المیزان یوم القیامۃ۔ (روز قیامت میزان میں حسن اخلاق سے زیادہ بھاری کوئی شئے نہ ہوگی)۔

آپ کا یہ کیسا مکالمہ یہ کیسا مناظرہ ہے کہ مخاطب قائل ہونے کے بجائے گھائل ہوتا ہے اور پھر کبھی نہ تو آپ اور نہ ہی آپ کے کسی ہم مسلک داعی کی جانب پلٹ آنے کو راضی ہوتا ہے۔ چلیے یہ بھی نہ سہی کہ تحمل، صبر و برداشت، رواداری اور انکساری جیسے رویوں کی کمی کے باعث آپ کو عصر حاضر کے مکالمے (حالاں کہ اسے "نبوی مکالمہ" کہنا درست ہوگا) کے اصول و ضوابط پر قائم رہنا مشکل بلکہ ناممکن لگتا ہے۔ تو پھر ایسی صورت میں وہ کردار یا وہ تقویٰ ہی اپنے اندر کیوں کر پیدا نہیں کیا جاتا کہ اگر بدعات و خرافات

کے خلاف آپ بس ایک جملہ یوں کہہ دیں کہ ""مسلمان ان فضولیات سے مستثنیٰ ہے"" تو ہر مسلک، ہر طبقہ اور ہر گروہ جماعت کا عامی آپ کے کردار اور تقویٰ کے پیش نظر آپ کی بات کو سر جھکا کر سن لے، قبول کر لے۔

اچھا ہوا کہ آج مفکر ملت علامہ اقبال (رحمۃ اللہ علیہ) حیات نہیں ورنہ "تم سبھی کچھ ہو بتاؤ تو مسلمان بھی ہو" کہنے کے بجائے سوچتے کہ تقلید، رفع یدین، آمین بالجہر، بیس رکعات تراویح، نماز وتر۔ جیسے سلسلے تو صدیوں سے جاری ساری ہیں مگر۔۔۔ع

یہ سب باقی ہیں تُو باقی نہیں ہے!!

Ye sab baqi hain tu baqi nahi hai. Essay: Syed Mukarram Niyaz

***

منتخب علمی و ادبی مضامین کا ایک اور مجموعہ

علم و ادب : نئے دریچے : ۲

مرتبہ : مکرم نیاز

بین الاقوامی ایڈیشن منظر عام پر آچکا ہے

www.ingramcontent.com/pod-product-compliance
Lightning Source LLC
LaVergne TN
LVHW010833051026
849532LV00007B/2686
* 9 7 8 9 3 6 9 0 8 0 4 8 9 *